ALAN CYGNUS

DAS NEUE GRAVITATIONSGESETZ

GIBT ES DEN ÄTHER DOCH?

DIE WELTFORMEL LÄNGST DA?

4

Inhaltsverzeichnis

Einleitung

Die Europäische Organisation für Kernforschung CERN verkündete im September 2011, dass bei einer Untersuchung - Projekt OPERA die Lichtgeschwindigkeit überschritten worden sei. Man wiederholte unzählige Messungen und man konnte dieses Phänomen nicht erklären. Selbst wenn nachhinein CERN einen technischen Fehler als Ursache dafür nennt, ist das Problem nicht aus der Welt. Das war nämlich nicht das erste Mal, dass ähnliche Ergebnisse verzeichnet wurden.

Die Messungen von CERN zeigten, wie es aussieht, dass Neutrinos (0) die Lichtgeschwindigkeit überschritten, was die Grundlagen der modernen Physik, insbesondere der speziellen Relativitätstheorie von Albert Einstein, in Frage stellt.

Haben wir etwa unseren Äther (1) zurück?

Ist die Lichtgeschwindigkeit unbedingt konstant?

Im zweiten Teil des Buches wird nahegelegt, dass die Äthertheorie nicht unbedingt hätte verworfen werden müssen, und dass die Lichtgeschwindigkeit nicht unbedingt konstant ist. Da wurde sogar, anhand der Untersuchungsergebnissen von Michelson (3) und der von CERN, eine vernünftige Geschwindigkeit der Erde im Äther berechnet.

Die Existenz von unbeweglichen Äther ist nämlich für die Ausführungen in diesem Buch Voraussetzung.

Im dritten Teil des Buches wird als alleinige Ursache für die gravitative Wirkung die Zeitdilatation (2) im Gravitationsfeld genannt. Dies bedeutet, dass der Raum schneller oder langsamer sein kann. Und wenn der Raum schneller und langsamer ist, muss er ja etwas sein.

Weitere Voraussetzungen:
Sowohl Lichtwellen als auch Teilchen und Massen werden hier als Turbulenzen des Äthers verstanden. Sie bewegen sich über die stationären Bausteine des Äthers, gemäß dem Lichttafelmodell, bei dem sich die einzelnen Lichtkörper der Tafel nicht bewegen, wir aber bewegte Objekte auf einer solchen Anordnung sehen.

Wenn der Leser es vorzieht zuerst direkt zum dritten Teil des Buches zu übergehen, kann er, nachdem er sich mit den hier enthaltenen Annahmen vertraut gemacht hat, es auch tun.

TEIL 1

DER RAUM UND DIE ZEIT

Die erste Möglichkeit - Die Leere

Der Raum existiert gar nicht, es gibt nur die Leere, es gibt gar nichts, nirgendwo gibt es etwas. Es ist ein rein abstraktes Modell, das mit unseren Beobachtungen nicht übereinstimmt. Für Physiker ist so eine Vorstellung nicht vom Nutzen, dennoch so weit interessant, dass der Mensch über solche Möglichkeit nachdenken kann.

Die zweite Möglichkeit – Der leere Raum

Es gibt einen leeren Raum, das heißt: er ist homogen, identisch an jeder seiner Stelle, statisch, nicht dynamisch und unendlich. Er muss unendlich sein, sonst wäre er nicht homogen, und zwar spätestens an seinem Rand. Es ist die einzige Leere, die man sich vorstellen kann.

Es scheint zwischen den Begriffen Leere und leerer Raum einen Unterschied zu geben. Man stellt sich vor, dass man in einen leeren Raum etwas platzieren kann. In die Leere nicht. Leere scheint viel abstrakter als der leere Raum zu sein, es ist eigentlich kein räumliches oder geometrisches Begriff, sondern ein philosophisches.

Solchen leeren Raum vergleicht man sofort mit dem mathematischen euklidischen Raum (3) . Im euklidischen Raum kann man allerdings Entfernungen bzw. Längen messen. Im leeren Raum kann man es nicht. Es gibt keine Bezugspunkte, wie z. B. die ganzen Zahlen. Im Euklidischen Raum setzt man es voraus, dass die Abstände zwischen z. B. 0 und 1 und 1 und 2 gleich groß sind, obwohl es unendlich viele Punkte sowohl zwischen 0 und 1 als auch zwischen 1 und 2 gibt. Von daher ist es nur eine Voraussetzung und keine Beobachtung. Man kann also nicht behaupten, dass es in beiden Fällen die gleiche Anzahl von Punkten ist. Ein Raum, wie der Euklidische, aus unendlich vielen gleichberechtigten Punkten, und zwar in jedem kleinsten Bereich, bietet eigentlich keine Maßstäbe, erst wenn wir ohne es nachzuweisen hinnehmen, dass 1-0=2-1 usw., haben wir Maßstäbe. In einem leeren absolut homogenen Raum, überhaupt ohne Punkte, ist es noch schwieriger, über Längen oder Abstände nachzudenken. Man kann einen einzigen Stock in einem leeren Raum nicht abmessen. Man braucht wenigstens ein zweites zum Vergleich. Abgesehen davon, dass ein leerer Raum mit einem Stock in ihm kein leerer Raum mehr ist.

Der euklidische Raum entstand in Folge von Beobachtungen physikalischer, realer Objekte, wie z. B. Ziegelstein Stapel. Da haben wir mit Ziegelsteinen, die keineswegs einander gleich sind, aber als solche in das mathematische Modell übernommen werden, zu tun. In den abstrakten euklidischen Raum werden identisch gleiche abstrakte Würfel, nach dem Ziegelsteinstapelmodel, gedanklich übertragen und dann subtrahiert, addiert usw.

Es gibt auch andere mathematische Räume außer den Euklidischen, die homogen und endlich oder geschlossen sein können.
Ein Beispiel dafür ist die Fläche einer Kugel, als zweidimensionaler, gekrümmter Raum. Die Fläche ist homogen, in jedem Punkt identisch, es gibt kein Zentrum und keinen Rand, dennoch ist sie endlich. (Das sieht allerdings nur ein dreidimensionaler Außenbeobachter. Für so einen Außenbeobachter ist die Kugeloberfläche aber eine Untermenge eines größeren Raumes. Wenn man sich vorstellen würde, dass ein Punkt als Teil der Oberfläche wandern, bzw. von Punkt zu Punkt springen könnte, müsste man feststellen, dass er es gar nicht beurteilen könnte, ob die Fläche endlich oder unendlich ist. Er würde sie eher als unendlich wahrnehmen. Wenn die Punkte identisch sind, kann der Springer gar nicht wissen, ob er z. B. nach einer Rundreise sich wieder an der Anfangsstelle befindet. Eigentlich kann so ein Punkt nur feststellen, dass er von einem auf einen anderen Punkt über unendlich vie-

le Punkte sprang, und dass es um ihn herum, egal wo er war, unendlich viele Punkte, also Unendlichkeit gab.

Die dritte Möglichkeit – Der statische, inhomogene Raum

Das könnte ein Raum mit einer besonderen Stelle, einem Punkt P als Zentrum (oder mehreren, lokalen Zentren) und seiner Umgebung sein, deren Eigenschaften abhängig von der Entfernung vom P unterschiedlich wären.

Was wird aber mit diesen Eigenschaften gemeint?

Zum Beispiel die Dichte. Im Punkt P wäre der Raum unendlich dicht und mit zunehmendem Abstand von ihm, wäre er immer dünner, und in unendlicher Entfernung vom P ginge die Dichte zu 0 . Was ist aber der Abstand oder die Entfernung, wenn wir nur den Punkt P , und keine anderen Bezugspunkte haben?

Eigentlich ist der einzige Maß der Entfernung von P die Dichte des Raumes selbst.

Man muss sich aber hier wiederum fragen, was die Dichte eigentlich ist.

Die Massendichte kann man als Maß der Beschleunigung bezeichnen, was ein dynamischer

Vorgang ist. Man gießt z. B. verschiedene Flüssig-
keiten nacheinander in ein und den gleichen Be-
hälter, und man beschleunigt das ganze. Die Flüs-
sigkeit, die am schwierigsten zu beschleunigen ist,
ist am dichtesten. In einem statischen Raum gibt
es keine Bewegungen und darüber hinaus keine
Beschleunigungen.

Ist es überhaupt möglich über Dichte oder Dichte-
unterschiede in einem statischen Raum zu sprechen? Braucht man dazu vielleicht einen dynamischen?

Die vierte Möglichkeit - Der dynamischer Raum

Der dynamische Raum wäre ein Raum, in dem die
Eigenschaften des Raumes sich nicht nur mit der
zunehmenden Entfernung vom P, sondern auch
mit der Zeit ändern würden. So ein Raum darf natürlich um den Punkt P nicht leer sein. Leere kann
nicht dynamisch sein - ohne Beweis.
Deswegen wäre es hier sinnvoll, das Einführen
von anderen Punkten pi außer dem Hauptpunkt P.
Nennen wir so einen Raum: den "P Raum".
Die pi Punkte wären unendlich viele in jedem
kleinsten Bereich des Raumes, und sie hätten die
einzige Eigenschaft, sie würden nur auftauchen
und entschwinden, also wären sie unbeweglich.
Die Zeit, wie lange ein Punkt pi „leuchten" dürfte,

würde dann von der Entfernung vom Punkt P abhängen.

Wir nehmen zuerst an, dass die Punkte pi aufeinander nicht wirken, nur der Punkt P wirkt auf sie alle.

Wenn wir diesen Raum für die Erklärung der physikalischen Vorgänge nutzen möchten, müssen wir die Äther Idee, die nach der Michelson-Untersuchung verworfen wurde, wieder ernst nehmen. Wir müssen, wenn wir hier mit diesem Raum, mit den unbeweglichen Punkten als dessen Bausteine weitermachen wollen, die Existenz vom Äther als Tatsache anerkennen.

Der dynamische Raum Beispiel mit Zeichnung:

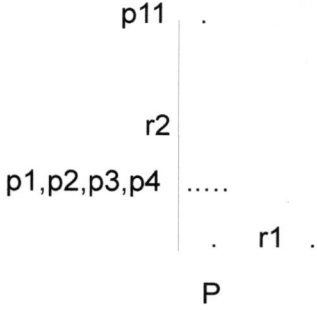

An einer Stelle S1, deren Entfernung vom Punkt P r1 beträgt, geht ein Punkt p1 an, und nach der Zeit Δt1 wieder aus. Sobald er ausgeht, geht in unmittelbarer Nähe vom p1 (der Abstand zwischen p1 und p2 wäre hier viel kleiner als der Abstand beider Punkte von P) ein nächster Punkt p2 an, und geht nach der Zeit Δt1= Δt2 auch aus, und das ganze noch vier mal. Die Zeiten Δt1 bis Δt4 sind gleich, weil die Punkte p1 bis p4 gleich weit von dem Punkt P entfernt sind. Dies soll hier als ein Axiom (4) gelten.

Wenn jetzt im Abstand r2 vom P an der Stelle S2 ein Punkt p11 angeht, und zwar genau im gleichen Zeitpunkt wie p1, und exakt gleichzeitig mit p4 ausgeht, können wir sagen, dass die dynamischen Vorgänge an der Stelle S1 viermal so schnell geschehen, wie an der Stelle S2. Oder, wir können sagen, dass die Zeit an S1 viermal so schnell als am S2 geht. Und wir sagen, dass der Abstand r2 viermal * so groß wie r1 ist. So kann man eigentlich die Natur der Zeit, oder was die Zeit überhaupt ist, erklären. Nicht nur das, hier wurde der Begriff Abstand oder Entfernung eingeführt, und zwar ohne Bezugspunkte, sondern nur als Maß der Zeitdilatation. Je langsamer die Zeit läuft, desto größer ist der Abstand zu P.

Hier wurde der Begriff der Gleichzeitigkeit einge-
führt, was eine Existenz von einem Außenbeob-
achter außer P und pi voraussetzt. Man stelle sich
dafür am besten eine Lichttafel mit vielen Lampen
vor, in deren Mitte eine Lampe stets leuchtet, wäh-
rend alle anderen Lampen je nach ihrer Entfernung
von der Hauptlampe länger oder kürzer leuchten.
Der Beobachter befindet sich außerhalb der Tafel
in gleicher Entfernung sowohl zum p1 bis p4 als
auch vom p11. Eben so, dass die Zeit, in der die
Information oder ein Signal über die Geschehnisse
an der Tafel, die ihn mit der gleichen Geschwindig-
keit erreicht, genauso verspätet bei ihm ankommt.
Wir haben hier also außer der Tafel einen ande-
ren, viel komplizierten Raum , dessen Teil auch die
Tafel ist. Ein Beobachter, der ausschließlich ein
Teil der Tafel wäre, ist kaum denkbar, wo nur der
Punkt P Wirkung auf die pi hat. Das heißt: der
Raum, mit Hilfe dessen man physikalische Vorgän-
ge erklären möchte, und wo der Beobachter auch
zu ihm gehört, dürfte etwas komplizierter sein.

Was ein solches Signal, der von der Tafel zu dem
Beobachter geht, eigentlich sein soll, ist hier nicht
Gegenstand der Diskussion, da es sich nur um ein
Hilfsmodell handelt. Bei dem richtigen Modell, hier
später, werden alle Ereignisse, d.h. auch Signale-
missionen, nur über pi-Punkte erfolgen.

Wenn es bis jetzt noch nicht deutlich wurde, gehen
wir bei diesem Modell davon aus, dass die Mate-

rie, also auch der menschliche Beobachter, eben aus den gleichen Bausteinen – pi besteht, wie der Raum selbst.

Der Äther vor der SRT (4) sollte eine Substanz im Raum sein, die sehr spröde und gleichzeitig total durchlässig für die Massen, was kaum vereinbar wäre, die ihr schwimmen, sein. In diesem Modell hier sind Wellen, Teilchen oder Massen Turbulenzen des Äthers, die aus den gleichen Bausteinen bestehen, aus denen auch der Äther besteht. Die Turbulenzen können sich fortpflanzen oder umeinander kreisen und somit wie ruhende auf die Umgebung wirken .

Beispiel: das Teilchen Π, wenn zerfällt, zerfällt auf zwei Photonen. Wie wissen, dass das Licht, wenn es genug nah einer Masse genügend größer Dichte durch geht, kann es von ihr gefangen werden, spricht schwarze Löcher. Wenn es so ist, können Photonen, wenn sich genug nah einender vorbei gehen, um einladender zu kreisen anfangen, wenn wir davon ausgehen, dass sie gravitative Massen haben.

Warum unbewegliche Punkte?

Bei einem Punkt, dessen Radius ja 0 ist, braucht man nicht zu überlegen, was in dessen Innern passiert. Ein Punkt ist wahrhaftig das einzige Objekt, auch wenn es eigentlich nur ein abstraktes Gebilde ist, das homogen und unteilbar ist. Alle Elementarteilchen, die man sich ausgedacht oder entdeckt hat, haben sich als inhomogen und teilbar erwiesen. Das Wort Atom stammt vom Griechischen und bedeutet unteilbar. Man hat eben nach so einem unteilbaren und homogenen Teilchen gesucht, es hat sich aber erwiesen, dass es alles andere als das ist. Außerdem bei einem Punkt, der sich nicht bewegt, sondern er ist nur da oder nicht da (sein oder nicht sein, das ist die Frage) braucht man nicht darüber zu diskutieren, was mit und/oder in ihm bei seiner Bewegung oder Beschleunigung geschieht.

Ein solcher, wenn auch abstrakter Raum wäre sehr nützlich für uns, wenn wir mit Hilfe dessen physikalische Vorgänge oder zuerst die Hauptregel erklären könnten. Wir hätten das elementarste unteilbare Teilchen. Wir hätten das einfachste Modell für die physikalische Welt.

Abstrakte Punkte, abstrakter Raum

Alle mathematischen Räume, so wie geometrische Objekte mit Hilfe deren wir physikalische Vorgänge, also die Realität beschreiben, sind abstrakt. Die Erde ist keine geometrische Kugel, und es gibt sonst keine physikalischen Objekte, die geometrische Kugeln wären. Es gibt auch keine Dreiecken oder Geraden, als physikalische Objekte. Es sind mathematische abstrakte Gebilden, die man mit realen Objekten vergleicht. Man idealisiert reale Objekte, um die Realität mit Hilfe der exakten Mathematik nahezu exakt zu beschreiben.

Ein Beispiel:

Ein Physiker müsste jedes mal sagen, (wenn es nicht zu umständlich wäre) :
Wenn wir uns vorstellen würden, dass die Erde eine geometrische Kugel aus Materie, und zwar aus homogene Gravitationsmasse ist, könnten wir die Bahn des Mondes um die Erde gut berechnen. Auch wenn wir wissen, dass die Erde keine ideale geometrische Kugel und keineswegs homogen ist.

Unserer Beispiel:

Wenn wir uns die Realität als einen Raum mit unendlich vielen Punkten, die auf Grund ihrer Wirkung aufeinander auftauchen und entschwinden, vorstellen, und können damit z. B. die Quantenphänomene und die Zeitdilatation im Gravitationsfeld gleichzeitig erklären, könnten wir den genannten abstrakten Raum für uns, bei der Beschreibung von realen physikalischen Vorgängen, als hilfreich erklären. Auch wenn die wahre Realität viel mehr oder was ganz anders sein kann. Wenn wir mit Hilfe dieses Modells erfolgreicher als bis jetzt die Realität beschreiben, oder sich in ihr besser orientieren könnten, würden wir es als das geltende Modell oder sogar als die Realität selbst bezeichnen.

Ein philosophischer Aspekt

Wenn der Mensch bzw. sein Gehirn in der Lage war, einen solchen abstrakten, unendlich großen Raum mit unendlich vielen Punkten der Dimension 0, also den euklidischen Raum, zu erfinden, und der Mensch mit seinem Gehirn Teil der Wirklichkeit ist, dann müsste der von ihm erfundene abstrakte Raum zwangsläufig etwas mit der realen Wirklichkeit gemein haben. Oder?

Was sind die Punkte?

Der Punkt P ist einfach eine Stelle, an der die Gravitationsfeldstärke unendlich groß ist.
Das bedeutet, dass in seine Richtung die Zeit immer schneller geht, die pi Punkte leuchten kürzer (oder blinken schneller). Dafür reicht eine endliche Masse des P Punktes aus.

Mathematisch haben wir also :

$\Delta t = k / \Delta E(r)$;

Δt ist die Zeitdauer, wie lange ein mi leuchten darf;

$\Delta E(r)$ ist ist eine Funktion des Abstandes r , zwischen pi und P und der der Massen der beiden Punkte. Diese definieren wir hier als zeitgravitative

20

Energie, die mit der potentiellen Energie aus dem Newtonschen Gravitationsgesetz nicht identisch ist,

k ist eine Konstante.

Die pi Punkte haben endliche Massen mi, und das in einem Punkt verdichtet, also ist die Gravitationsfeldstärke im Punkt pi ebenso unendlich groß oder, abgesehen vom Einfluss von P Punkt, gleich 0, nachdem ein mi entschwunden ist.

Später machen wir jeden pi zu einem lokalen P Punkt, der eigene pi Punkte um sich hat, wobei alle lokalen P Punkte und pi Punkte gravitativ identisch aufeinander wirken werden. Wir bleiben jedoch noch bei dem einfacheren Beispiel, mit dem Haupt Punkt P, und den nicht aufeinander und dem P Punkt wirkenden pi Punkten.

Die auftauchenden pi in diesem Raum könnte man als Quantenphänomene bezeichnen.

Die Gleichung für das Lebensdauer eines pi Punktes :

$$\Delta t = k/\Delta E$$

hat Ähnlichkeit, oder ist sogar absolut identisch, wenn wir k=h setzen, mit der Gleichung :

$h = \Delta t\, \Delta E$ oder $\Delta t = h/\Delta E$ aus der Quantenphysik.

Diese Abhängigkeit entdeckte und formulierte Max Planck. Sie bezieht sich auf den Energieaustausch zwischen Oszillatoren und dem elektromagnetischen Feld. Max Planck entdeckte, dass es nicht kontinuierlich, sondern in Form kleinster Energiepakete, also Quanten, geschieht. Diese Entdeckung gilt als die Geburtsstunde der Quantentheorie, und die konstante "h" bezeichnet man als den Plancksche Wirkungsgrad.

In der Quantentheorie ist das Vakuum kein leerer Raum mehr. Es entstehen in ihm Teilchen-Antiteilchen-Paare. Es widerspricht dem Energieerhaltungssatz im klassischen Sinne. Die Formen: $\Delta t \, \Delta E \leq h/4\pi$ oder : $\Delta t \leq h/4\pi \, \Delta E$ beschreibt, für wie lange Energie, (auch Teichen mit ihrer Ruheenergie) und in welcher Größe, spontan aus dem nichts entstehen darf.

Wir haben also in der Quantenphysik mit einer direkten Abhängigkeit der Zeitabläufe von Energie zu tun, ähnlich wie in dem hier definierten P Raum.

Wenn wir also die Energiezuwachs ΔE in dieser Gleichung als die gravitative Energie eines pi Punktes verstehen, deren Größe proportional zu den Massen M_p und m_i von P und pi, und umgekehrt proportional zu dem Abstand r , zwischen P und pi wäre, also :

ΔE =ΔmiMPk2/r , haben wir :

Δt = k:(ΔmiMPk2/r) und daraus:

Δt=K x r   ;   für k/miMPk2 = K

k , k2   und K – Konstanten

Hier wurde die Abhängigkeit E von r direkt von dem Newtonschen Gravitationsgesetz übernommen. Wir behalten uns hier jedoch vor, dass die ΔE von r ins Quadrat im Nenner, also nach der Gleichung ΔE= ΔmiMPk2/r² abhängen kann. Es handelt sich hier um zeitgravitative Energie, die ausschließlich die Zeitdilatation bewirkt (keine Anziehung von Massen, P Punkten oder pi Punkten). Die Newtonsche potentielle Energie im G Feld wäre dann eine sekundäre Konsequenz dieser Zeitdilatation, und es geht bei Newton um das Anziehen der gravitativen Massen und nicht um das Anziehen von P oder pi Punkten. Diese bewegen sich ja nicht.

Wir haben also hier ein Raum, in dem die Zeit abhängig von der Gravitationsfeldstärke schneller oder langsamer geht. In der ART (5) gibt es die Zeitdilatation in G Feld ebenso, es geht da allerdings umgekehrt zu, als in dem P Raum. Laut ART geht nämlich die Zeit im stärkeren G Feld langsamer, nicht schneller.

Nur, wenn im P Raum die Zeit in Richtung des P Punktes immer langsamer und nicht schneller ginge, was im Einklang mit der ART stehen würde, würden die pi Punkte, mit immer kleiner werdenden Abstand zu P , immer länger leuchten. Dies hätte zur Folge, dass sich immer größere Klumpen von P Punkten bilden würden, in denen keine dynamischen Vorgänge sich abspielen würden, die dann irgendwann den gesamten Raum einnehmen würden. Wir hätten somit sehr schnell so was wie den unendlichen, homogenen, statischen Raum, und dies entspricht nicht unseren Beobachtungen. Ein P Raum, in dem die Zeit in Richtung des P Punktes immer schneller geht, in dem es auch mehrere P Punkte gibt, ist, wie unsere Natur, viel interessanter.

Wichtiger für uns wird hier später die Zeitdilatation $\Delta t1(r1)/ \Delta t2(r2)$ sein, also wie sich die durchschnittlichen Zeiten, des Leuchtens von pi Punkten, mit der Entfernung vom P oder von den lokalen P Punkten. Oder von 0 Stellen, zwischen zwei oder mehreren P Punkte ändern, wenn wir hier später mehrere P Punkte haben.

Die Zeiten des Nichtleuchtens von pi Punkten

Wenn wir das Auftauchen von pi als Quantenphänomen auffassen, müssen wir davon ausgehen, dass ein pi für eine beliebige Zeitspanne aus bleiben darf. Vergleichbar mit einem Teilchen-Antiteilchen-Paar, das aus dem Nichts auftauchen kann und nach einer bestimmten Zeit für unbestimmte Zeit entschwindet.

Wenn wir aber die Zeitdilatation im G Feld zu der primären Ursache erklären, müsste auch die Zeit des Nicht-Leuchtens auch von der Entfernung zu P Punkt abhängen.

Wir sehen hier, dass in diesem Model dem Raum Masse zugeschrieben werden kann oder sogar muss.

In den zwei Fällen wären die jeweiligen Massendichten des Raumes von der Entfernung vom P unterschiedlich abhängig. Im Fall 1 würde der Raum mit zunehmender Entfernung immer dicker, weil die „aus" Zeiten unabhängig von r, also statistisch immer gleich wären, und die „an" Zeiten mit zunehmendem "r" immer länger. Und im zweiten Fall, also wenn Δt "an" und Δt "aus" von der Entfernung gleich abhängig wären, wäre die Raumdichte immer gleich. Wir hätten also zwei Arten dieses Raumes.

Welches der beiden Modelle richtig ist, kann womöglich durch Beobachtungen entschieden werden. Wären die "Aus"-Zeiten gleich den "Ein"-Zeiten, wäre die Massendichte des Vakuums um P (später um einer Masse) immer gleich. Wir wären wahrscheinlich nicht in der Lage zu erkennen, ob der Raum Masse hat oder nicht.. Wären die Ein-

und Auszeiten jedoch unterschiedlich wären, würden wir es so wahrnehmen, als wäre der Raum ungleichmäßig dicht, was sich vermutlich auf die Bewegungen der Himmelskörper auswirken würde. Ob dies etwas mit Unstimmigkeiten in den Beobachtungen des Kosmos, sprich dunkler Materie oder dunkler Energie, zu tun hat, wollen wir hier nicht entscheiden, da dies alles noch Spekulationen sind.

Wenn man die ganze Sache intuitiv betrachtet, kommt man zu folgender Schlussfolgerung: Wenn der Raum schneller und langsamer sein kann und Masse hat, wird er auch ungleichmäßig dicht sein dürfen.

Beobachtungen von Sternen, die Galaxien umkreisen, genauer gesagt die Messung ihrer viel zu hohen Geschwindigkeit, beweisen eigentlich die Existenz von dunkler Materie/dunkler Energie.

Warum unendlich viele Punkte in jedem kleinsten Bereich des Raumes ?

In anderem Fall müsste es zwischen den pi Punkten Leerstellen geben. Was soll aber so eine Leere zwischen zwei Punkten eigentlich sein? Jedes Mal, wenn wir uns zwei Punkte und eine Leere dazwischen vorstellen, stellen wir uns zwei bedeutsame Punkte P1 und P2 und sehr viele nicht bedeutsame pi dazwischen und keine Leere. Sonst wären die Punkte P1 und P2 direkt aneinander. Wie kann man da von Abständen sprechen und mit solchen Bausteinen eine Raum bilden? Es muss daher Zwischen zwei pi Punkten auch sehr viele Punkte geben, die weniger bedeutsam sind.

Nehmen wir zur Erklärung ein Paar Lampen einer Lichttafel in einer Reihe als Beispiel, und betrachten die Abstände zwischen den Leuchtkörpern der Lampen, die wir, als Punkte, in deren Mitten platzieren. Das sind unsere bedeutsamen Punkte. Die Lampen aber, sowohl die Birnen als auch die Fassungen, sind ja aus Atomen. Also zwischen den Lampenmitten haben wir weniger bedeutsame Punkte, die in den Mitten der Atomen liegen, und zwischen den Atomen wieder welche. Es ist keine Leere sonder ein anderer Raum als der, der nur aus Lampenleuchtkörper bestünde. Wenn wir aber einen einzigen Raum haben wollen, wo die Leuchtkörper ein Teil von dem gesamten einzigen Raum sind, müssen wir, jeweils zwischen zwei Leuchtkörpern in den Lampenmitten, unendlich viele Punkte platzieren.

Wie Abstände messen, wenn unendlich viele Punkte in jedem kleinsten Bereich des Raumes?

Nur wenn wir davon ausgehen oder dies behaupten, dass die Birnen und Fassungen alle gleich groß sind, können wir auch behaupten, dass die

Entfernungen zwischen den benachbarten Lampenmitten auch gleich sind. So könnten wir auch die Entfernungen in Lampen messen. Wir betrachten also die Lampen, (obwohl wir wissen dass sie es nicht sind), zur Vereinfachung als gleich groß.

Wir sagen: der Abstand von L2 Mitte zu L1 Mitte ist gleich 1 . Die L2 Mitte ist um eine Lampe weiter von L0 Mitte , als die L1 Mitte. Also der Abstand L2 Mitte zu L0 Mitte ist doppelt so groß, wie der Abstand L1 Mitte zu L0 Mitte, in Lampen gemessen.

Also, 1-0 = 2-1 usw. ist nur ein Axiom in einem mathematischem Raum, und wurde auf das reale Gebilde, in diesem Fall auf die Lichttafel, wohl übertragen. Es lässt sich aber ganz exakt auf physikalische Objekte nicht übertragen. Es würde ausreichen, wenn wir ein paar Lampen mit genügend großer Genauigkeit abmessen würden, so würden wir feststellen, dass keine zwei davon, geschweige denn noch mehr, gleich groß sind.

Wir nehmen jetzt zur Erklärung des Problems einen Strand voller Sandkörner. Die Körner sind unterschiedlich groß. Würden wir also zwei geradlinige Reihen mit jeweils zehn Körner bilden, und Längen deren messen, würden wir feststellen, dass die Längen der zwei Reihen unterschiedlich sind. Die Korngrößen sind eben unterschiedlich, und in einer der zwei Reihen , zum Beispiel, könnten fünf große und fünf kleine Körner sein, während sich in der zweiten Reihe nur zwei große und acht kleine befinden. Würden wir aber zwei Reihen mit gleicher Zahl von sehr vielen Körnern bilden, würden wir feststellen, dass der Längenunterschied im Verhältnis zu den Längen selbst viel kleiner werden würde, als es der Fall bei den Reihen mit nur zehn Körner war. Je längere Reihen, um so kleiner der verhältnismäßige Unterschied - Ohne Beweis.

Wir haben hiermit ein Gebilde mit metrischen Eigenschaften. Und obwohl wir wissen, dass er aus ungleichen Körner besteht, können wir die Längen bestimmen, indem wir die Anzahl der Körner zählen. In Wahrheit sind die Körner nur durchschnittlich gleich groß, wodurch die Rechnung nur bei sehr vielen Körner aufgeht.

Und wenn wir statt Sandkörner eben Lampen nehmen würden, die aber so klein wie diese wären, ginge die Rechnung noch besser auf, denn bei den Lampen sind die Abweichungen eben kleiner als bei den Sandkörnern.

Ein pi Raum ohne den Hauptpunkt P

In diesem Raum wirkt jeder pi Punkt zeitgravitativ auf alle anderen pi Punkte, als wäre er selbst ein P Punkt.

Jeder pi Punkt, obwohl er jetzt die P Punkt Eigenschaft hat, die anderen pi Punkte löschen zu dür-

fen, wird von den anderen pi Punkten ebenso ge-
löscht.

Es gibt nur eine Art von Punkten.

Das Lebensdauer eines pi Punktes beschreibt, genau die gleiche mathematische Formel:

$\Delta t = K/\Delta E$, wie im P Raum.

Diesmal hängt aber die Energie ΔE eines einzelnen pi Punktes nicht von der Masse des P Punktes
und des pi Punktes, und von dem Abstand zwischen denen, sonder von den Massen aller anderen pi und P Punkten und ihren Entfernungen zu
dem einzigen p1 Punkt, und seiner eigenen Masse
ab.

Also, einer von vielen pi Punkten, Punkt p1, das
gerade ("als Quantenphänomen) angegangen ist,
darf über die Zeit Δt , die von seiner Masse und
von Massen und Entfernungen aller anderen pi
Punkte abhängt, leuchten. Nach dieser Zeit Δt geht
er wieder aus.

Die Energie , (oder Energiezuwachs an der Stelle
s1) eines einzelnen p1 beschreiben wir mathematisch :

$\Delta E1 = k \, \Delta m1 \sum (\Delta mi \mathbf{Ri}/Ri^2)$ oder

$\Delta E1 = k\Delta m1 \sum (\Delta dmi \mathbf{Ri}/Ri^3)$

bei quadratischer Abhängigkeit E von r .

Δm1=Δmi - die Masse jedes einzelnen pi , und darüber hinaus des des p1 Punktes (das "Δ" vor dem
"m1" oder "mi" bedeutet, dass es sich um Massen-
zuwachs handelt)

Ri- die Abstände zwischen p1 und den einzelnen pi
Punkten als Skallargrößen

Ri - die Abstände zwischen p1 und den einzelnen
pi als Vektorgrößen

k – eine Konstante

*Hier wurden Entfernung als Vektorgrößen einge-
führt. Aus diesem Grund platzieren wir den pi
Raum in dem dreidimensionalen Euklidischen
Raum, den gleichen, wie in der klassischen Physik,
der weder gekrümmt, noch mehr als dreidimensio-
nal ist. In jedem Punkt des euklidischen Raum befindet sich ein pi Punkt, der entweder an oder aus
ist. Entscheidend aber werden für das Lebensdauer eins pi Punktes wohl die benachbarten P Punkte
sein.Und in so einem Raum können, wie wir sehen, auch 0 Stellen entstehen, also Stellen, wo die
Gravitationsfeldstärke 0 ist.*

Dieser Raum erinnert eher an Chaos als an einen
Raum, in dem regelmäßige dynamische Vorgänge
auftreten könnten.

Dennoch ist es keins. Mit Chaos hätten wir zu tun,
wenn die pi Punkte gar nicht aufeinander wirken

würden, sondern zufällig erscheinen und entschwinden würden. Wenn die Punkte aber aufeinander wirken, und das identisch, dürften in solchem Raum irgendwelche Regelmäßigkeiten (also kein reines Chaos) auftreten.

Das Auftreten von gewissen Regelmäßigkeiten könnte in dem Raum mit den pi Punkten, die nicht aufeinander wirken und zufällig an und aus gehen, als Fluktuationen, theoretisch möglich sein. (Um so etwas festzustellen bräuchten wir allerdings einen externen Beobachter). Es gibt aber praktisch keine Möglichkeit zur Entstehung von so vielen identischen Protonen, als Beispiel, dessen Lebensdauern 10 e 20 s beträgt, oder von Wellen, die Milliarden von Jahren unterwegs sind. Erst wenn die pi Punkte aufeinander wirken, können hier Regelmäßigkeiten dauerhafter Natur auftreten.

Regelmäßigkeiten dauerhafter Natur

Im folgenden Abschnitt wollen wir prüfen, ob in einem so definierten Raum Regelmäßigkeiten dauerhafter Natur möglich sind, die den aus der Physik bekannten Phänomenen zumindest ähneln.

Die Abhängigkeit der Zeitabläufe von Energie haben wir schon. Auch das Unschärfegesetz aus der Quantenphysik ließe sich mit diesem Modell bzw.

seiner Lichttafel Vereinfachung besser als bis jetzt erklären.

Also, Phänomene dauerhafter Natur bis hin zu Bildung von kleinen Klumpen aus mehreren Punkten P, die mit ihrer Umgebung und insbesondere mit anderen benachbarten Punkten P interagieren, als wären sie massivere Einzelpunkte P. Dies würde daran liegen, dass die Punkte in dem Klumpen viel näher beieinander liegen würden, als die nächstgelegenen anderen P Punkte. Bis das geschieht, können wahrscheinlich zuerst nur Klumpen gebildet werden, die nicht stationär an einem Ort bleiben können, sondern sich bewegen müssen. Ähnlich wie z. B. Photonen.

Die zum Klumpen zugehörige P Punkte bewegen sich dabei nicht, das können sie gar nicht, dennoch würde so ein Klumpen fortschreiten, wie ein zweidimensionaler Ball auf einer Lichttafel im Stadion, wo die einzelnen Lampen, die den Ball bilden, sich ebenso nicht bewegen. Oder, wie die Objekte, die wir auf unserem Fernseher und/oder anderen Bildschirmen sehen.

Das Problem mit P Punkten ist nämlich der, dass sie sich gegenseitig bekämpfen oder auslöschen, anstatt sich gegenseitig zu unterstützen. Das heißt, die P Punkte können nicht dauerhaft an bleiben. Wenn sie aber entschwinden und nach ihnen neue auftauchen und es in eine bestimmte Richtung geht, wirken sie auf die Umgebung oder den Beobachter so, als wären sie bewegliche Teilchen. Daher der Vorschlag - zuerst bewegliche Klumpen.

Ein solcher Klumpen hätte natürlich eine Gravitationsmasse. Und wenn er in der Nähe eines anderen solchen Klumpens vorbeiziehen würde, würden die beiden Gravitationsmassen ihre Flugbahnen so beeinflussen, dass sie unter bestimmten Umständen beginnen würden, sich gegenseitig zu umkreisen.

Dies würde bedeuten, dass sich aus unseren zwei Klumpen ein einzige Klumpen gebildet hat, der sich nicht mehr in eine Richtung bewegt, sondern stillsteht, vergleichbar mit einem Teilchen. Was genau unter der Beeinflussung zu verstehen ist und wie die Umlaufbahn eines solchen Gebildes abgelenkt wird, wird in dem zweiten Teil des Buches beschrieben: "Das neue Gravitationsgesetz". Und es geht da natürlich ausschließlich um zeitgravitative Wirkung.

So ein Klumpen würde allerdings nicht nur gravitativ auf die Umgebung bzw. auf andere Klumpen wirken, denn, wie wir wissen bzw. hier annehmen ist so ein Klumpen keine symmetrische homogene Kugel, sonder ein unsymmetrisches inhomogenes und obendrauf innen dynamisches Gebilde. Das gilt auch für die unbeweglichen Klumpen. Und je nach den charakteristischen Merkmalen von den Klumpen (es könnten z. B. zwei Klumpen, die bereits aus zwei Klumpen bestehen, sein) werden sie nicht nur gravitativ, sondern auch auf andere Weise interagieren, wobei die Ursache doch zeitgravitativ bliebe. Als hätten er außer der Gravitationsmasse noch eine zusätzliche Ladung. Auch Quantenphänomene ließen sich so besser erklären.

Das Entstehen von Regelmäßigkeiten

<u>Vorschlag 1</u>

Nehmen wir jetzt als Beispiel einen Punkt p1, der gerade anging, und ziemlich lange leuchten darf, weil er eine günstige Stelle erwischt hat. Jeder pi Punkt, der in seiner Nähe angeht, muss gleich, eben seinetwegen, entschwinden. Der Punkt p1 wird hier zu einem lokalen Hauptpunkt P1, so lange er selbst nicht ausgeht.

Die günstigste Stelle ist eine 0 Stelle, eine Stelle also, wo die Gravitationsfeldstärke, die sich aus der Konstellation aller anderen Punkte ergibt, 0 ist. (Entscheidend werden hier die anderen Hauptpunkte in der Nähe sein, weil sie lange leuchten, während die pi Punkte verschwinden gleich und sind symmetrisch verteilt). Da könnte der p1 ewig leuchten, wenn jede 0 Stelle nicht ewig 0 Stelle bleiben dürfte, da sie sich aus der Konstellation aller anderen pi Punkte und speziell der benachbarten anderen Hauptpunkte um sie ergibt, und die Konstellation verändert sich ständig.

Was passiert, wenn der P1 wieder ausgeht?

Man kann sich rein intuitiv vorstellen, dass von der Stelle S1, wo der P1 leuchtete, eine Welle ausgehen wird, denn die pi Punkte um den Punkt P1 geraten in eine ganz andere gravitative Lagen . Wir haben hier also eine Regelmäßigkeit dauerhafter Natur. Eine Bildung von Klumpen von P Punkten ist hier allerdings kaum vorstellbar. Was aber, wenn sich solche Wellenfronten treffen? Kann bereits hier so etwas wie Bildung von beweglichen oder unbeweglichen Klumpen stattfinden?

Vorschlag 2

An einer Stelle S2, wo ein anderer Punkt p2 in der Nähe von P1 angehen und gleich wegen P1 ausgehen sollte, entsteht nach dem Entschwinden von P1 womöglich eine günstige Stelle an der p2 viel länger als vorgesehen leuchten darf.

Es sieht so aus, als wäre aus dem P1 ein anderer, nicht weit von ihm entfernter P2 Punkt geworden, und zwar in der Zeit $\Delta t = 0$, der jetzt den lokalen Hauptpunkt spielen darf. Oder sogar $\Delta t < 0$, denn der Punkt P2 war vor dem Entschwinden von P1 bereits da, er musste nur nicht gleich, wie vorgesehen ausgehen, weil der P1 kurz davor ausgegangen war.

Wenn wir so weitermachen würden, mit p3 und p4 , usw. hätten wir ein springendes P Punkt, dass sich in keine bestimmte Richtung bewegen würde, sondern ziemlich zufällige Sprünge machen würde.

Interessanter scheint hier jedoch die Möglichkeit zu sein, dass beim Sprung von P1 nach P2 womöglich eine Querwelle erzeugt wird (ohne Beweis, bessere Computersimulation).

Bei einem Sprung verendet sich nämlich alles dramatisch. Die pi Punkte geraten eben in ganz andre gravitative Lagen. Man kann es sich intuitiv so vorstellen, als würde ein P Punkt im Zickzack aber in bestimmte Richtung wandern (auch wenn es in Wirklichkeit bei jedem Sprung ein anderer P Punkt ist). Der Sprung wird, sozusagen, in den Raum weiter kopiert.

Ob solche intuitive Vorstellung Sinn ergibt, kann man eigentlich nur mit Hilfe einer Computersimulation feststellen. Dabei muss man aber bedenken, dass ein Computersystem nur eine endliche Anzahl von pi bieten kann.

Es kann natürlich sein, dass in solchem, so definierten Raum Regelmäßigkeiten dauerhafter Natur auf eine ganz andere Weise entstehen, als hier vorgeschlagen.

Worum es hier ging, ist das Einführen von unbeweglichen Bausteinen des Raumes, die ausschließlich der Zeitdilatation unterliegen. Und, dass Bewegungen, sowohl von Wellen, als auch von Teilchen, über diese Bausteine erfolgen, als Turbulenzen des Äthers, und zwar auf ähnliche Weise wie die Bewegungen auf einer Leuchttafel. Denn für ein solches Modell sprechen Phänomene, die man aus der Physik bereits kennt, wie die Zeitdilatation im Gravitationsfeld, die Abhängigkeit der Zeitabläufe von Energie in der Quantenphysik und das Unschärfeprinzip eigentlich auch. Und die Abhängigkeit der Zeitabläufe von Energie: $E = hf$.

Warum im größeren G Feld die Zeit langsamer geht und nicht umgekehrt und wie man es doch umdrehen kann, wird im dritten Kapitel des Buches nahelegt.

Begriffserklärungen:

0   Die Neutrinos: Elementarteilchen, die sich mit Lichtgeschwindigkeit bewegen sollten. Seit man ihre Oszillation nachgewiesen hat, musste man den Teichen eine ganz kleine Ruhemasse zuschreiben, aus diesem Grund weißt man, dass die Neutrinos sich mit Lichtgeschwindigkeit c nicht bewegen dürfen. Um so schlimmer, wenn sie laut der CERN - Messung, sogar schneller als das Licht gewesen seien.

1   Der Äther: eine Substanz, die die elektro-
     magnetische Welle tragen sollte, wobei sie
     keinen Widerstand für sich in ihr bewegen-
     de Materie darstellen sollte. Nach der Un-
     tersuchung von Albert Michelson, der die
     Geschwindigkeit der Erde im Äther messen
     wollte, verzichtete man auf diese Vorstel-
     lung und erklärte den Äther für nicht exis-
     tent.

2   Die Zeitverschiebung oder die Zeitdilatati-
     on ist ein Phänomen, das auch von der
     SRT vorgesehen ist. Wenn wir als ein Be-
     zugssystem die Erde nehmen und als das
     zweite Bezugssystem eine mit großer Ge-
     schwindigkeit fliegende Rakete, und wür-
     den in beiden Systemen die Zeit messen,
     würden wir feststellen, dass die Zeit ver-
     schieden schnell in den zwei Systemen ver-
     geht. In der fliegenden Rakete vergeht die
     Zeit nämlich langsamer.

3   Albert Abraham Michelson war ein amerika-
     nischer Physiker, geboren in Strelno(heute
     in Polen, damals preußische Provinz Po-
     sen), am 19 Dezember 1852 . Er bekam als
     erster Amerikaner den Nobelpreis für Phy-
     sik. Bekannt wurde er durch das nach ihm
     benannte Michelson-Interferometer. Mit die-
     ser Anordnung wollte er die Erdgeschwin-
     digkeit im Äther messen. Nachdem das Er-
     gebnis dieser Untersuchung scheinbar ne-
     gativ ausfiel, verzichtete man auf die Vor-
     stellung einer Existenz von Äther. Die Folge
     davon war unter anderem die Entstehung
     von SRT. Eine Verbesserung seiner Unter-
     suchung führte er zusammen mit Edward

W. Morley. In die Geschichte ging die Untersuchung als Michelson-Morley-Experiment. -

4 Euklidischer Raum – ein durch die euklidische Geometrie beschreibbare Raum.. Dieses Modell ist eine gute Annäherung an den physikalischen Raum.

5 Ein Axiom - Postulat, Gewissheit - einer der Grundbegriffe der mathematischen Logik. Seit Euklid gelten Axiome als als wahr akzeptierte Sätze, die innerhalb einer bestimmten mathematischen Theorie nicht bewiesen werden.

6 SRT - Die Spezielle Relativitätstheorie von Albert Einstein.

7 ART - Die Allgemeine Relativitätstheorie von Einstein

TEIL 2

Eine kleine Modifizierung der speziellen Relativitätstheorie

Einleitung

Die Europäische Organisation für Kernforschung CERN verkündete im September 2011, dass bei einer Untersuchung - Projekt OPERA die Lichtgeschwindigkeit überschritten worden sei. Man wiederholte unzählige Messungen und man konnte dieses Phänomen nicht erklären. Selbst wenn nachhinein CERN einen technischen Fehler als Ursache dafür nennt, ist das Problem nicht aus der Welt. Das war nämlich nicht das erste Mal, dass ähnliche Ergebnisse verzeichnet wurden.

Die Messungen von CERN zeigten, wie es aussieht, dass Neutrinos (0) die Lichtgeschwindigkeit überschritten, was die Grundlagen der modernen Physik, insbesondere der speziellen Relativitätstheorie von Albert Einstein, in Frage stellt.

Um sich näher mit dieser Problematik zu befassen,

sollte man erneut die Entstehungsgeschichte der speziellen Relativitätstheorie, kurz SRT, analysieren. Zwischen den Jahren 1861 und 1864 formulierte James Clerk Maxwell die, nach ihm genannten, Maxwellschen Gleichungen. Sie beschrieben die elektromagnetischen Phänomene, und ihre Analyse führte zu der Schlussfolgerung, dass das Licht eine elektromagnetische Welle ist und sich mit einer konstanten Geschwindigkeit in einem Medium, Äther (1) genannt, ausbreitet. Leider wurde somit das mit dem Äther verbundene Bezugssystem (2) zu einem Hauptbezugssystem, was in Widerspruch zu den Grundsätzen der klassischen Physik steht. In der klassischen Physik sind nämlich, seit Galilei, alle Bezugssysteme, die sich mit konstanter Geschwindigkeit in Bezug aufeinander bewegen, gleichwertig. Das ist eben das Relativprinzip. Jetzt haben wir jedoch den Ätherbezugssestem als Hauptbezugssystem. Um sich hier Klarheit zu verschaffen führte man Untersuchungen zur Messung der Erdgeschwindigkeit im Äther durch. Ausschlaggebend war das Michelson-Morley-Experiment, nach dem man leider feststellen musste, dass sich entweder die Erde im Äther nicht bewegt, oder man kann das nicht messen. Oder, so interpretierte es Einstein, es gibt keinen Äther. Das Ergebnis der Untersuchung war: die Lichtgeschwindigkeit ist gleich, unabhängig von der Erdbewegung im Äther. Einstein verstand es so: die elektromagnetische Welle braucht kein Medium und breitet sich einfach im Vakuum aus. Die Schlussfolgerungen waren: das Licht breitet sich mit gleicher Geschwindigkeit aus, unabhängig vom Bezugssystem. Daraufhin ist die SRT entstanden, mit allen, scheinbar absurden Konsequenzen, wie z. B. die Zeitverschiebung (4).

Die Lichtgeschwindigkeit c ist Konstant unabhängig vom Bezugssystem und c- kann nicht überschritten werden, wurden zu den Hauptaxiomen der modernen Physik.

Die Vorläufer von Albert Einstein, was die SRT angeht, waren Hendrik Antoon Lorentz und Henri Poincaré.

H. A. Lorentz lieferte noch vor der SRT seine Lorentz Transformation, mit der er sowohl das Relativitätsprinzip, als auch die Maxwellsche Gleichungen mit dem Äther rettete. Dazu führt er als erste, auch mit Berechnungen, die Längenkontraktionshypothese und den Ortszeitbegriff ein, einschließlich das Geschwindigkeitsadditionstheorem, was von Einstein dann übernommen wird. Er ist also der erste, der auch mit mathematischen Berechnungen, den starren Raum, mit dazu zugehöriger Zeitkoordinate der Newton'schen klassischen Physik, in der alten Form aufgibt, oder ihm relativiert. Er sieht dennoch nach wie vor den Äther als Hauptbezugssystem, dennoch ist bei ihm die Lichtgeschwindigkeit c konstant in allen innerziallen Bezugssystemen.

H. Poincaré ging etwas weiter, wollte aber den Äther ebenso nicht aufgeben. Er schrieb über „Unmöglichkeit der Messung von absoluten Geschwindigkeit". Es gibt den Äther, man kann ihn aber nicht als Bezugssystem benutzen. Er ist auch der Pionier der Kritik von Gleichzeitigkeit in beweglichen Bezugssystemen, was Einstein auch übernimmt, oder unabhängig fordert. Außerdem entdeckte er einen Zusammenhang zwischen der elektromagnetischen Masse und der Energie m elm = E/c^2.

Einstein dagegen verzichtet gänzlich auf den Äther, es gibt kein Hauptbezugssystem, alle sind gleichwertig. Er stellt auch fest, was Poincaré nicht gelang, nämlich dass Materie bei Energieabgabe an Masse verliert, und erklärt Masse und Energie für äquivalent, nach der gleicher Formel wie die von Poincaré, nämlich: $E = mc^2$, was auch die Vorstellung der elektromagnetischen Masse überflüssig machte. Er übernimmt aber vor allem von Lorentz das Wichtigste, nämlich, dass die Lichtgeschwindigkeit c in allen Bezugssystemen konstant ist.

Von der Richtigkeit her sind beide Theorien, die von Lorenz und die von Einstein gleichwertig. Am Anfang bezeichnete man sogar die Relativitätstheorie als Lorentz-Einstein-Relativitätstheorie. Die SRT von Einstein setzte sich, als die bequemere, besser durch.

Ist die SRT von Einstein nach der CERN - Messung noch gültig?

Die Antwort auf die Frage lautet: Sie ist nach wie vor gültig, wird allerdings etwas modifiziert werden müssen. Der Fehler von Einstein war womöglich der, dass er die Lichtgeschwindigkeit für eine Asymptote (5) hielt, die tatsächlich nicht überschritten werden kann, und nicht für eine Geschwindigkeit, die an ihr am nächsten dran ist.

Dieser Fehler ist insoweit verständlich, dass man vor und gleich nach den Messungen die SRT noch nicht hatte, und was daraus folgt, solche relativistische Phänomene (6), wie z.B. die ultrarelativistische Geschwindigkeit (7), mit der sich Photonen bewegen könnten, nicht kannte. Um die SRT zu formulieren, musste man nach der Messung von Michelson, dieses, dass die Lichtgeschwindigkeit die Asymptote ist, annehmen. Erst nachdem die SRT fertig ist, kann man die neue Korrektur hinzufügen. Was den Äther übrigens angeht, dachte man nach dem Verfassen der Allgemeinen Relativitätstheorie erneut über den Äther nach. A Einstein bezeichnet ihn als Gravitationsäther, wobei er bekräftigte, dass er sich von dem alten elektromagnetischen Äther, der die elektromagnetische Welle tragen sollte, unterscheidet.

Die Untersuchung von Albert Michelson

Bei der Untersuchung von Albert Michelson sollte die Geschwindigkeit, mit der sich die Erde im Äther bewegt, gemessen werden. Man wusste damals, das die Umlaufgeschwindigkeit der Erde um die Sonne 30 km/s beträgt. Man ging auch davon aus, dass die Sonne sich ebenso im Äther bewegt, das heißt es hätte noch etwas dazu kommen müssen.

Um diese Erdgeschwindigkeit zu messen nahm Michelson sich vor, Lichtstrahlen parallel und senkrecht, zu dem Vektor der Erdbewegung, von einer Lichtquelle zu zwei Spiegeln und zurück, gleichzeitig, zu schicken, um den Zeitunterschied zwischen t1 und t2 zu messen.

t1 – die Zeit für den Lichtstrahl hin und zurück, parallel

t2 – die Zeit des Lichtstrahls hin und zurück, senkrecht.

Bei allen anderen Wellen, die von einem Medium getragen werden müssen, wären die Zeiten da unterschiedlich, wie hier später berechnet wird. Um sicher zu sein, dass das Lichtstrahl paraller bzw. senkrecht zu dem Vektor der Erdbewegung steht, musste man nur lange genug abwarten, bis man auf Grund der Erdbewegung um die Sonne und die eigene Achse den optimalen Zeitpunkt erwischte.

Der Zeitunterschied zwischen t1 und t2 ist hier allerdings so klein, dass man es gar nicht direkt messen konnte. Um es indirekt zu messen, konzipierte Michelson eine Anordnung, den Michelsons Interferometer. Er nutzte dabei ein physikalisches Phänomen, und zwar die Welleninterferenz (8). Die Anordnung bestand aus einer Lichtquelle, einen Teleskopen, zwei Spiegel und einer halb durchsichtigen Platte. Die beiden Lichtstrahlen landeten zum Schluss, beide parallel, im Teleskopen, was darin im Form von Streifen sichtbar war, eben auf Grund der Welleninterferenz. Würde sich aber der Unterschied zwischen t1 und t2 verändern, würden sich dann auch die Streifen verschieben. Wenn man die ganze Anordnung vom Michelson in einem günstigen Zeitpunkt (parallel, senkrecht) um 90° umdreht, verschieben sich die Streifen ebenso, denn t1 wird t2, und umgekehrt.

Auf der Zeichnung 1 sieht man in der Mitte eine Metallplatte, umgedreht um 45° zu den Spiegeln, die die Hälfte des Lichtstrahls durchlässt, während die andere Hälfte abgestrahlt, das heißt in diesem Fall, um 90° abgelenkt wird. Der Lichtstrahl geht also zuerst von der Lichtquelle, durch einen Spalten zu der Platte, und von da, geht die Hälfte des Strahles weiter, gerade aus, zu dem ersten Spiegel, und die andere wird um 90° abgelenkt, und geht zu dem zweitem Spiegel. Der Strahl, der von dem Spiegel Nr.1 reflektiert wurde, geht zurück zur Platte, wo die Hälfte von ihm da durch geht, und die andere Hälfte um 90° abgelenkt wird, und zu dem Teleskopen geht. Von dem reflektierten Strahl am Spiegel Nr. 2 wird die für uns unwichtige Hälfte an der Platte abgelenkt, und die andere geht durch, bis zu dem Teleskopen.

Zeichnung 1

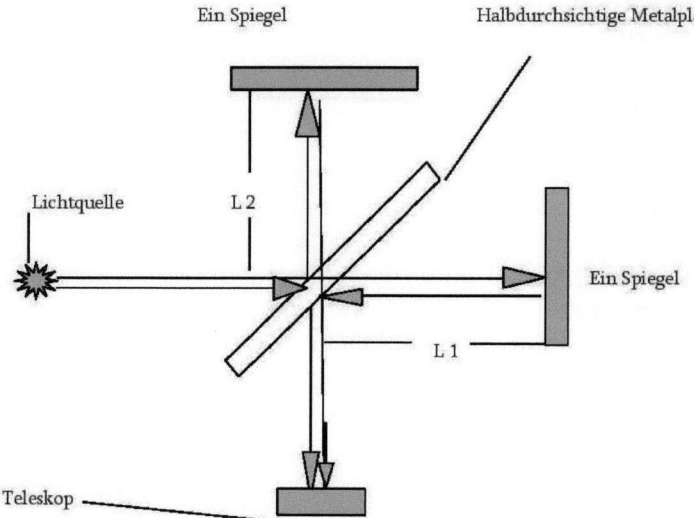

Ein Spiegel

Halbdurchsichtige Metallplatte

Lichtquelle

L 2

Ein Spiegel

L 1

Teleskop

Zeichnung 2 - Die Anordnung im Bewegung..

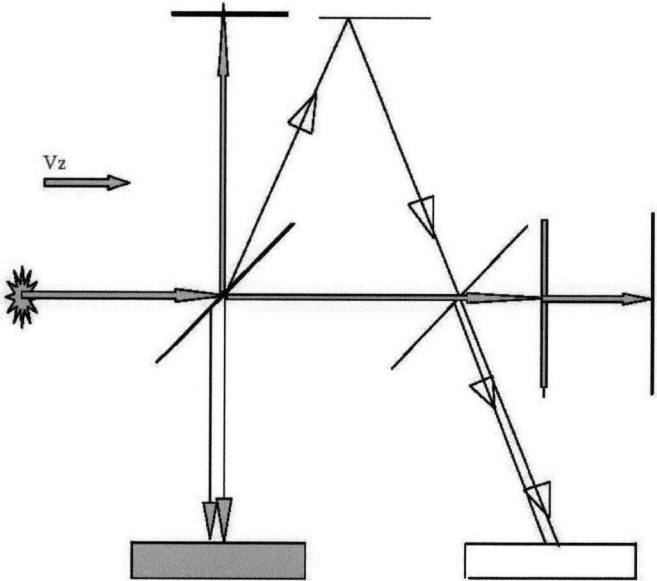

Vz

Vor der SRT

- gewöhnliches Addieren und Subtrahieren von Geschwindigkeiten

- keine Lichtgeschwindigkeitsänderung im Äther auf Grund der Lichtquellenbewegung. Wie bei anderen Wellen auch

Wenn die Lichtquelle einen Lichtstrahl in Richtung ihrer Bewegung schickt, und die Geschwindigkeit der Welle, durch die Bewegung der Lichtquelle im Äther, sich nicht ändert, müsste die Lichtgeschwindigkeit, die im Lichtquellenbezugssystem gemessen wird, kleiner sein, und wenn der am Spiegel reflektierte Lichtstrahl zurückgeht, ist die größer. Für den Lichtstrahl, der senkrecht zum Vz Vektor geht, sind die Geschwindigkeiten in beide Richtungen gleich kleiner.

Berechnungen:

$$t_1 = \frac{L_1}{C - Vz} + \frac{L_1}{C + Vz} = \frac{2L_1}{C} \cdot \frac{1}{1 - Vz^2/C^2} \; ;$$

$$t_2 = \frac{2L_2}{\sqrt{C^2 - V_Z^2}} = \frac{2L_2}{C} \cdot \frac{1}{\sqrt{1 - V_Z^2/C^2}}$$

c ist hier noch die Lichtgeschwindigkeit

Vz – die Erdgeschwindigkeit im Äther

L1 und L2 – die Abstände zwischen der Metallplatte und den jeweiligen Spiegeln

Wenn jetzt:

L1= L2 = L ;   und

$\Delta t = t1 - t2$

und wenn wir mit:

$\Delta t' = t2 - t1$

den Zeitunterschied nach dem Umdrehen des Interferometers um 90° bezeichnen, haben wir::

$\tau = \Delta t - \Delta t' = 2t1 - 2t2$ -

Unterschied zwischen Δt und $\Delta t'$

Und für konkrete Zahlenwerte:

c = 3 e 8 m /s

L = 1,2 m – siehe Zeichnung

$\lambda = 6 \cdot 10^{-7}$ -   die Wellenlänge des Lichtes

Vz = 30 km/s

ergibt sich:

$$k = cτ/λ \; ; \; k = 0,04$$

die zu erwartete Streifenverschiebung, während die beobachtete Streifenverschiebung

$$k ≈ 0,01 \; war.$$

k = 0,01 entspräche hier lediglich einer Erdgeschwindigkeit von 5 km/s.

Bei späteren Untersuchungen war k noch kleiner, kleiner als die Messfehler.

Einstein verstand es so: Die Erde bewegt sich im Äther nicht, und da sie sich ja doch bewegt, muss es heißen: es gibt keinen Äther. Das Licht breitet sich im Vakuum aus, und das mit gleicher Geschwindigkeit, egal wie sich die Erde oder der Interferometer bewegen oder nicht bewegen.

Das ist ein großer Unterschied im Vergleich zu allen anderen Wellen. Bei einer akustischen Welle, z.B. verändert die Bewegung der Schallquelle die Geschwindigkeit des Schalls, bezogen auf das Medium, nicht. Nur die Frequenz der Welle. Wenn sich aber der Empfänger in Bezug aufs Medium bewegt, hat das auch die Geschwindigkeitsänderung der Welle zur Folge, die der Empfänger messen würde. Bei einer Lichtwelle gibt es keine Geschwindigkeitsänderung, und das nicht nur bei beweglicher Lichtquelle, sondern auch bei beweglichen Empfängern keine. Man kann ohne den Äther nicht erkennen, ob sich die Lichtquelle oder der Empfänger bewegt.

Michelsons Untersuchung nach der SRT

Da der Äther jetzt als nicht existent gilt, und c konstant in jedem Bezugssystem ist, sind die Berechnungen sehr einfach. (c ist hier noch die Lichtgeschwindigkeit, später wird sie hier als VL bezeichnet).

$t1 = L1/c$; $t2 = L2/c$; und wenn $L1 = L2$ gilt es:

$t1 = t2$ – keine Streifenverschiebung

Die Länge L1 verändert sich hier nicht, da sie von den (mit der Erde) Reisenden gemessen wird. L2 ebenso nicht, den VL und Vz senkrecht.

Michelsons Untersuchung nach der SRT, mit der neuen Korrektur, das heißt: VL< c

Hier wird angenommen, dass die Lichtgeschwindigkeit VL etwas kleiner als c ist, c ist die Asymptote, man kann es aber im ultrarelativistischen Bereich gar nicht nachvollziehen, dass VL<c . Und wir holen uns natürlich den Äther zurück. Die Zeit-

dilatation gibt es also hier auch, nur bezogen auf das Ätherbezugssystem.

An dieser Stelle ist es wichtig zu überlegen, ob die Lichtgeschwindigkeit, die ja kleiner als c jetzt sein soll, konstant oder variabel ist. Wenn man bedenkt, dass c eine Asymptote ist. In der Michelson-Unter-suchung ist die Lichtgeschwindigkeit konstant und ändert sich mit der Bewegung der Lichtquelle nicht. Wir werden daher beide Varianten untersu-chen, und zwar zunächst diejenige mit der Ge-schwindigkeit im Äther, die von der Lichtquelle nicht beeinflusst werden kann.

VL ist hier also die Lichtgeschwindigkeit und c die Asymptote, die nicht überschritten werden kann. Das Licht wird hier nach wie vor als elektromagne-tische Welle verstanden, also keine Lichtgeschwin-digkeitsänderung im Äther auf Grund der Licht-quellebewegung, wie bei jeder anderen Welle auch. Die Berechnungen sind ähnlich wie bei Mi-chelson, mit dem Unterschied, dass das Addieren oder Subtrahieren von Geschwindigkeiten VL und Vz hier nach den Regeln der Lorentztransformati-on erfolgt. Die Länge L1 verändert sich hier nicht, da sie von den (mit der Erde) Reisenden gemes-sen wird. Und L2 auch nicht.

$$t_1 = \frac{L_1}{\dfrac{V_L - V_Z}{1 - (V_L V_Z)/C^2}} + \frac{L_1}{\dfrac{V_L + V_Z}{1 + (V_L V_Z)/C^2}}$$

$$t_1 = 2 \cdot \frac{L_1}{V_L} \cdot \frac{1 - Vz^2/C^2}{1 - Vz^2/V_L^2}$$

Für t2 berechnen wir zuerst t'2 – Zeit gemessen im Bezugssystem, das im Äther ruht

$$t_2^! = 2 \cdot \frac{\sqrt{L_2^2 + V_Z^2 \cdot (t_2^!)^2}}{V_L}$$

(VL verändert sich bei Bewegung der Lichtquelle im Äther nicht, und die Länge L2 in diesem Fall auch nicht, denn VL und Vz senkrecht)

$$t_2^! = \frac{2L_2}{V_L} \cdot \frac{1}{\sqrt{1 - V_Z^2/V_L^2}}$$

Und da auf Grund der Zeitverschiebung, ist die auf Erden gemessene Zeit gleich:

$$t_2 = t_2^! \cdot \sqrt{1 - \frac{V_z^2}{c^2}}$$

wir bekommen:

$$t_2 = t_2^! \cdot \sqrt{1 - \frac{V_z^2}{c^2}}$$

Wenn jetzt:

L1= L2 = L ; und

Δt = t1 - t2

und wenn wir mit: Δt' = t2 - t1

den Zeitunterschied nach dem Umdrehen des Interferometers um 90° bezeichnen, haben wir den Unterschied T zwischen Δt und Δt' nach dem Umdrehen des Interferometers:

т = Δt - Δt' =2t1 – 2t2 ;   und nach Berechnungen :

-

$$\tau = 4 \cdot \frac{L}{V_L} \left(\frac{1 - Vz^2 / C^2}{1 - Vz^2 / V_L^2} - \frac{\sqrt{1 - V_z^2 / c^2}}{\sqrt{1 - Vz^2 / V_L^2}} \right)$$

Für Konkrete Zahlenwerte:

$VL /c = 1/1.00002$ - Ergebnis von CERN für $c = Vn$

$Vz = 2,3 \, e \, 5 \, m/s$ - Gesamtgeschwindigkeit der Sonne um die

Mitte der Milchstraße und der Erde um die Sonne, bei den günstigsten Bedienungen, was die Jahres- und Tageszeiten angeht, wo Vektoren Vz und VL parallel bzw. senkrecht zueinander stehen.

$VL = 3 \, e \, 8 \, m/s$

(man kann bei der Gleichung vor den Klammern diesen Wert annehmen, Hauptsache, man setzt in den Klammern $c / VL = 1.00002$ ein)

$L = 1,2 \, m$ - siehe Zeichnung

$$\lambda = 6 \cdot 10^{-7}$$ - die Wellenlänge des Lichtes

W

ir haben also nach Berechnungen:

$$\tau \approx 2 \cdot 10^{-17}$$,

was der gemessenen Streifenverschiebung entspricht, nämlich:

$$k \approx \frac{C \cdot \tau}{\lambda} = 0,01$$

Wenn also Albert Michelson damals gewusst hätte, dass man Geschwindigkeiten relativistisch zu addieren und zu subtrahieren hat, und annahm, VL< c, hätte er eine sehr vernünftige Erdgeschwindigkeit im Äther ausgerechnet. Es ist hier wichtig, dass man bei Berechnungen der Konkreten Zahlenwerte mit keinen Näherungswerten, wie es so üblich ist, arbeitet. Es wurde hier mit genauen Zahlen (zwanzigste Stelle hinter dem Komma) gerechnet.

Vz kann natürlich noch größer sein, man hat nur den günstigsten Winkel zwischen den Vektoren Vz und VL nicht erwischt).

Ein Dayton Müller, der auch bei einigen der Experimente von Michelson und Morley zugegen war, wiederholte später, in den 1920er Jahren, eine Reihe weiterer Experimente und kam zu dem Ergebnis - k= 0,018 . Das war also fast das Doppelte der Streifenverschiebung, als bei Michelson. Eine solche Streifenverschiebung würde in etwa der Geschwindigkeit der Erde im Äther entsprechen - Vz= 3,8 e 5 m/s. Also der Geschwindigkeit der

Erde bezogen auf die Hintergrundstrahlung. (ohne Berechnungen).

Licht als Teilchen und die
Michelson - Untersuchung

Das Licht (nicht nur im sichtbaren Bereich (9)) kann man auch als Teilchen oder Lichtquanten verstehen. Im Jahre 1922 bekam Albert Einstein den Nobelpreis für das Erklären des photoelektrischen Effektes. Die Lichtteilchen werden Photonen genannt. Sie können an Teilchen wie z.b. Elektronen, Energie oder Impuls abgeben, indem sie von den Elektronen absorbiert werden. Dieses Phänomen nennt man eben den photoelektrischen Effekt. Es wird unter anderem beim Fotografieren genutzt. Das Bild auf dem Bildband wird geändert, weil die Photonen die Elektronen der Bildband aus ihren Bahnen werfen.

Das Problem bei den Photonen ist aber, dass die Teilchen keine Ruhemasse haben dürfen, sonst könnten sie sich nicht mit der Geschwindigkeit c bewegen, sie hätten nämlich dann eine unendliche Energie. Die Energie ist nämlich gleich: $E = m_o c^2$ Gamma, wobei:

m_o - Ruhemasse des Photons

$$\text{Gamma} = \frac{1}{\sqrt{(1 - V_L^2 / C^2}}$$

Deswegen schreibt man dem Photon keine Ruhemasse zu, und berechnet die Energie des Photons nach der Formel: E = hf, wobei h für das Plancksche Wirkungsquantum, und f für die Lichtfrequenz stehen. Wäre die Geschwindigkeit des Photons jedoch etwas kleiner, VL< c, wie hier vorgeschlagen, auch wenn sie im ultra relativistischen Bereich schwer zu messen ist, könnte man dem Photon eine Ruhemasse zuschreiben und seine Energie nach der gleichen Formel berechnen wie die aller anderen Teilchen. Dazu müsste das Licht aber eine variable Geschwindigkeit haben, sonst könnte sich seine Energie nicht ändern.

Jetzt wollen wir Berechnungen anstellen, wobei das Licht als Teilchenstrahl betrachtet wird. Das heißt, eine bewegliche Lichtquelle verändert die Geschwindigkeit des Lichtes im Äther und VL<c. Das bedeutet in diesem Fall, dass die Geschwindigkeit der Photonen in Bezug auf Erde oder auf das Labor sich nicht ändert und VL beträgt.

Die Berechnungen:

t1 = L1/VL   ;   t2 = L2/VL   und für   L1= L2 = L haben wir:

t1 = t2 - keine Streifenverschiebung.

59

Wenn man also das Licht nicht als elektromagneti-sche Welle, sondern als ultrarelativistische Teil-chen versteht, beweist das Untersuchungsergeb-nis - keine Streifenverschiebung, gar nicht, dass es keinen Äther gibt, wenn man ganz kleine Streifen-verschiebung als Messfehler auffasst. Und es be-weist ebenso nicht, dass VL= c und damit konstant in jedem Bezugssystem ist

.Licht als Welle und Licht als Teilchen –

Auswertung

Wenn wir Licht als einen Strahl von Teilchen ver-stehen und annehmen, dass die Bewegung der Lichtquelle die Geschwindigkeit der Teilchen, d.h. der Photonen, beeinflusst, also die kombinierte Geschwindigkeit des Lichts und seiner Quelle ad-dieren, ergibt sich eine kaum wahrnehmbare höhe-re oder niedrigere Geschwindigkeit als Produkt. Die Geschwindigkeit bleibt weiterhin ultrarelativis-tisch. Ist das vielleicht der Grund, warum wir keine VL Änderungen beobachten konnten, und aus die-sem Grund die Lichtgeschwindigkeit als, von der Lichtquellenbewegung, unabhängig hielten? Also von einer, mit konstanter Geschwindigkeit im Äther oder im Vakuum, sich ausbreitende Welle.

Von daher betrachten wir beide Möglichkeiten:

1 Licht als Welle

Keine Abhängigkeit VL von der Frequenz, die Bewegung der Lichtquelle bewirkt nur die   Veränderung der Frequenz aber   keine Geschwindigkeitsänderung.

Keine neue Formel für Lichtenergie.

Man kann so, wenn Vl<c , die Streifenverschiebung erklären.

2 Licht als Teilchen

Keine Erklärung für die Streifenverschiebung, man kann Photonen Ruhemasse zu   schreiben und somit diese wie alle anderen Teilchen behandeln.

Dabei darf nicht vergessen werden, dass die Lichtgeschwindigkeit sicherlich eine untere Grenze hat, denn wir haben sehr lange Lichtwellen beobachtet, d.h. Wellen sehr niedriger Frequenzen, die sich in der Tat nicht verlangsamt haben. Natürlich können Lichtwellen, deren Länge in Metern gemessen wird, nicht als Teilchenstrall betrachtet werden.

Licht als Teilchen - nur für hohe Frequenzen.

Mögliche Erklärung:

Fall 1 gilt für kleine, Fall 2 für große Frequenzen.

Der neue Energiesatz für Photonen

Da VL kleiner als c sein kann, kann man jetzt auch den hoch frequenten Photonen Ruhemasse zuschreiben, auch wenn man das Teilchen unmöglich stoppen kann. Man kann also eine neue Formel für die Berechnung der Lichtenergie formulieren, die sich von dem Energiesatz aller anderen Teilchen oder Massen nicht unterscheidet.

$E = Moc^2 Gamma$

Mo - die Ruhemasse des Photons

$$Gamma = \frac{1}{\sqrt{(1 - V_L^2 / C^2)}}$$

Die Abhängigkeit der Lichtgeschwindigkeit von der Lichtfrequenz

Nach Berechnungen haben wir: Wenn wir die neue Energieformel mit der alten vergleichen d.h.:

$E = moc^2 \gamma = hf$;

bekommen wir nach Brechungen:

$$\frac{V_L}{C} = \sqrt{1 - \frac{Mo^2 \cdot C^4}{h^2 f^2}}$$

Und wenn Mo ≈ 7 e-51 wäre, hätten wir: h/Mo ≈ 9 e 16

In diesem Fall, wenn E= moc²γ = hf , haben wir:

moc² = h/s   und   Gamma = f·s   und

$$\frac{V_L}{C} \approx \sqrt{1 - \frac{1}{f^2 \cdot s^2}}$$

s – eine Sekunde

Wie man sieht, hat diese Gleichung selbst für f = 1kHz einen Sinn. Aber wie gesagt, das hier soll nur für ganz hohe Frequenzen gelten.

Eigenlebensdauer der Photonen und der Neutrinos

Die Zeitverschiebung ist ein Phänomen, das experimentell bestätigt wurde. Man beschleunigt dazu Teilchen, die geringen Lebensdauern haben (zerfallen sehr schnell), zu großen Geschwindigkeiten, nah c. Die Lebensdauer solcher Teilchen wird dadurch wesentlich verlängert, und zwar genau so, wie es die SRT vorsieht. Das heißt: ein Teilchen hat eine Eigenlebensdauern und eine andere für einen ruhenden Beobachter, in dessen Bezugssystem es sich schnell bewegt.

Was, wenn wir die gleichen Überlegungen für Photonen anstellen, und setzen dabei c = VL würden. Wir erhalten:

$$t' = t \cdot \sqrt{1 - \frac{V_L^2}{C^2}}$$

t'= 0 - Eigenlebensdauer des Photons

Es ist eigentlich aus physikalischem Gesichtspunkt absurd, und aus diesem Grund hätte man sich längs überlegen müssen, ob ein reales Teilchen, wie das Photon, eine Geschwindigkeit von c haben darf, und ob VL < C, und mo > 0 vielleicht ist. Außerdem geht man davon aus, dass die Neutrinos, aufgrund ihrer nachgewiesenen Oszillation, eine Ruhemasse haben müssen. Wenn sie da noch schneller als das Licht sind, wieso sollte dann das Photon keine Ruhemasse haben dürfen?.

Wenn die Neutrinos schneller als c wären, wie man nach der CERN - Messung spekulierte, gälte es:

$$t* = t \cdot \sqrt{1 - V_N^2 \Big/ C^2}$$

t'=0 - Eigenlebensdauer eines Neutrinos,

und für: Vn > c, hat die Gleichung keinen mathematischen Sinn. Es bedeutet aber nicht, dass t*< 0, (keine Zeitreisen). Es muss daher gelten: Vn < C, aber nicht unbedingt immer Vn = VL.

Das Zwillingsparadoxon

Dieses Gedankenexperiment sorgt immer wieder für Kontroversen unter den an der SRT Interessierten. Es geht um zwei Zwillingsbrüder, von denen einer mit hoher Geschwindigkeit, nahe c, ins All fliegt, während der andere auf der Erde bleibt. Wie hier erklärt wurde, vergeht die Zeit nach der SRT in einer fliegenden Rakete oder einem Raumschiff langsamer. Das bedeutet, dass der Reisende, wenn er von seiner Reise zurückkehrt, jünger sein wird als sein Bruder, der auf der Erde geblieben ist.

Wir dürfen jedoch nicht vergessen, dass wir keinen Äther mehr haben und somit auch kein Hauptbezugssystem. Wir können also nicht feststellen, wer der Reisende und wer der ruhende ist. Die Tatsache, dass die Erde viel größer ist als das Raumschiff, macht sie in dieser Hinsicht nicht wichtiger. Wir können nur feststellen, dass sich die Zwillinge relativ zueinander bewegen. Der Bruder auf der Erde kann behaupten, sich relativ zu seinem Bruder bewegt zu haben, und erwarten, jünger zu sein, wenn er seinen Bruder aus dem Raumschiff wieder trifft.

Das ist das Zwillingsparadoxon. Die Lösung ist folgende: Der Reisende ist derjenige von ihnen, der auch beschleunigt wurde. Das ist die richtige Lösung, die heute gilt.

Allerdings gibt es auch hier einen Widerspruch. Die Erde bewegt sich um die Sonne und das Zentrum der Milchstraße (10), also wurde sie irgendwann (als sie noch kein Planet war, sondern nur Staub oder etwas anderes) auch beschleunigt. Was

wäre, wenn der Raumschiffbruder so beschleunigt
würde, dass er die Geschwindigkeit erreicht, die
die Erde hatte, bevor sie beschleunigt wurde? Wer
von den beiden ist nun der Reisende? Wie auch
immer, ohne ein Hauptbezugssystem ist es
schwierig.

Eine modifizierte SRT, mit einem Äther und der
Möglichkeit, die Geschwindigkeit relativ zum Äther
zu messen, löst das Problem ganz einfach.
Stellen Sie sich einen Planeten vor, von dem zwei
Brüder von drei Drillingen ins All geschickt werden,
natürlich fast mit Lichtgeschwindigkeit. (Später
kommt noch ein vierter hinzu). Dieser Planet umkreist sein Zentralgestirn, das im Äther ruht. Dies
bedeutet, dass VG = 0 ist. Vp ist die lineare Geschwindigkeit des Planeten im Äther und ist konstant. Gleichzeitig werden die beiden Zwillinge mit
der gleichen Geschwindigkeit V in den Raum geschickt, relativ zum Planeten, aber in entgegenge-
setzter Richtung. (Wir vernachlässigen die Eigen-
rotation des Planeten oder nehmen an, dass es
keine gibt). Der dritte Bruder wird ebenfalls mit der
Geschwindigkeit Vp ins All geschickt, und zwar so,
dass er im Äther ruht. Die Zeitpunkte der Rückkehr
der ersten zwei Brüder werden hier so festgelegt,
dass die beiden gleichzeitig zum Planeten zurück-
kehren und der Planet umkreist in dieser Zeit seinen Stern genau einmal. Es vergeht also ein Jahr.
Das heißt: Die Drillinge treffen sich gleichzeitig an
der gleichen Stelle im Äther. DiDie Geschwindigkeit des Rückflugs, wohlgemerkt, bezogen auf den
Äther, muss der Geschwindigkeit des Hinflugs
gleich sein, und das bei beiden Brüdern. Wir vernachlässigen hier, wie üblich, die Beschleuni-
gungseffekte beim Start und bei der Umkehr und

bei der Landung der Brüder.

Also :

V - Die Geschwindigkeit der ersten zwei Brüder, bezogen auf den Planeten

V1 - Die Geschwindigkeit des ersten Bruder B1 im Äther

V2 — Die Geschwindigkeit des zweiten B2 im Äther

Vp – die Geschwindigkeit des Planeten im Äther (ist viel kleiner als V)

$$V_1 = \frac{V - V_p}{1 - \dfrac{V \cdot V_p}{C^2}} : \qquad V_2 = \frac{V + V_p}{1 + \dfrac{V \cdot V_p}{c^2}} ;$$

Wir sehen hier : $\qquad V_2 > V_1$,

und wenn die Zeiten, die die ersten zwei Brüder während des Fluges, für sich gemessen haben,

$$\Delta t_1^{'} = \Delta t_1 \cdot \sqrt{1 - \frac{V_1^2}{C^2}} \quad \text{und} \quad \Delta t_2^{'} = \Delta t_2 \sqrt{1 - \frac{V_2^2}{C^2}}$$

betragen,

und die Zeit der Reise der Beiden, gemessen vom von dem dritten Bruder, der im Äther ruht $\Delta t_3 = \Delta t_1 = \Delta t_2$ ist, haben wir:

$$\Delta t_1^{\prime} > \Delta t_2^{\prime}$$

Dies bedeutet, dass Bruder B2, der schneller im Äther reiste, etwas jünger als der Bruder B1 geblieben ist. Von den B3 sind sie, nach der Reise beide viel jünger, denn:

$$\Delta t_3 > \Delta t_1^{\prime} > \Delta t_2^{\prime}$$

Würden sie aber von einem Planeten, der im Äther ruht starten, Vp = 0 , bei den gleichen Bedingungen, wären die zwei Reisende gleich jünger, im Vergleich zu dem Dritten Bruder, geblieben, obwohl sie sich mit fast Lichtgeschwindigkeit voneinander entfernten Bzw. zu einander näherten. (Der dritte Bruder darf jetzt, damit er im Äther ruht, auf dem Planeten bleiben).

Gäbe es da noch einen vierten Bruder B4 , der auf dem Planeten bleibt (jetzt bewegt sich der Planet wieder, also Vp≠0, und der B3 ruht wieder im Äther) dann würde es heißen:

$$\Delta t_4^{\prime} = \Delta t_3 \sqrt{1 - \frac{V_P^2}{C^2}}$$ und darüber hinaus :

$$\Delta t_3 > \Delta t_4 > \Delta t_1^{\prime} > \Delta t_2^{\prime}$$

Das heißt, der scheinbar Reisende B3, der auch beschleunigt wurde, wäre nach seiner Reise älter als der B4 Bruder, der auf dem Planeten blieb, mit dem er aber in Wirklichkeit reiste.

In meisten Fällen, scheinen die Inertialbezugsysteme gleichberechtigt zu sein, weil die Erdgeschwindigkeit viel l als c ist. Dennoch, bei Zweifelsituationen, wie hier oben, ist der Ätherbezugssystem als Hauptbezugssystem zu sehen.

Der wichtige Grundsatz der Physik, alle inerziellen Bezugssysteme wären gleichberechtigt, unabhängig von ihren Geschwindigkeiten, ist nie bewiesen worden, auch nicht unbedingt durch die Messung von Michelson, wie es in dieser Abhandlung nah gelegt wurde. Es ist eher ein Wunsch von uns, die wir auf einem beweglichen Planeten Physik betreiben müssen. Es ist für uns von großem Nutzen, dass es gelang, solche Theorien wie die SRT , wo das relativ Prinzip die Grundlage ist, zu erarbeiten. Wo kämen wir hin, wenn wir z. B. Satellitenbewegungen oder sogar Bewegungen von Flugzeugen auf das Ätherbezugssystem beziehen würden? Selbst wenn wir tatsächlich die Erdgeschwindigkeit im Äther wüssten, wäre es sehr umständlich. Wenn aber bei grundgesätzlichen Überlegungen und oder Zweifelsfragen die Relativprinziptheorien nicht ausreichen, muss man eben den Ätherbezugssystem als den Hauptnezugssystem nehmen.

Begriffserklärungen:

0 Die Neutrinos: Elementarteilchen, die sich
   mit Lichtgeschwindigkeit bewegen sollten.
   Seit man ihre Oszillation nachgewiesen hat,
   musste man den Teichen eine ganz kleine
   Ruhemasse zuschreiben, aus diesem
   Grund weißt man, dass die Neutrinos sich
   mit Lichtgeschwindigkeit c nicht bewegen
   dürfen. Um so schlimmer, wenn sie laut der
   CERN - Messung, sogar schneller als das
   Licht gewesen seien.

1. Der Äther: eine Substanz, die die elektromagnetische Welle tragen sollte, wobei sie
   keinen Widerstand für sich in ihr bewegen-
   de Materie darstellen sollte. Nach der Untersuchung von Albert Michelson, der die
   Geschwindigkeit der Erde im Äther messen
   wollte, verzichtete man auf diese Vorstellung und erklärte den Äther für nicht existent.

2. Ein Bezugssystem ist z. B. ein Objekt, wie
   ein Schiff, ein Zug oder die Erde, auf dessen Bezug man die Bewegungen der Kör-
   per, Teilchen oder Wellen misst, als ob das
   System ruhen würde, selbst wenn man
   weist, dass es sich bewegt. Zum Beispiel
   die Erde bewegt sich ja, denn noch, wenn
   wir die Geschwindigkeit eines Fahrzeuges
   angeben, beziehen wir sie auf ruhende
   Erde oder die ruhende Autobahn. Man kann
   z. B. den Bahnhof als Bezugssystem für
   fahrende Züge nehmen, aber ein im Zug

Reisender kann den Zug als sein Bezugssystem betrachten. Wenn er sich im Zug bewegt, misst er die Geschwindigkeit, wie schnell er geht im Bezug auf den Zug. Ein Beobachter, der aber auf dem Bahnsteig steht, betrachtet den ganzen Bahnhof als sein Bezugssystem und empfindet die langsame bewegenden des Reisenden als viel schneller. Es kann sogar vorkommen, dass der Reisende sich im Zug bewegt, aber für den am Bahnsteig stehenden ruht. Das heißt, bezogen auf das Bahnhofbezussestem ruht er. Ein Lichtstrahl im fahrendem Zug ist aber für den, am Bahnhof stehenden, nicht schneller oder langsamer als im Zug . Das erklärt die SRT. Inertialsysteme sind Systeme, die entweder ruhen oder sich in Bezug aufeinander mit konstanter Geschwindigkeit bewegen. Die Richtung des Geschwindigkeitsvektors darf sich hier auch nicht änder.

3. Die Zeitverschiebung oder die Zeitdilatation ist ein Phänomen, das auch von der SRT vorgesehen ist. Wenn wir als ein Bezugssystem die Erde nehmen und als das zweite Bezugssystem eine mit großer Geschwindigkeit fliegende Rakete, und würden in beiden Systemen die Zeit messen, würden wir feststellen, dass die Zeit verschieden schnell in den zwei Systemen vergeht. In der fliegenden Rakete vergeht die Zeit nämlich langsamer.

4. Eine Asymptote ist eine Grenze, der sich eine Funktion im Unendlichen   nähert.

5. Relativistische Phänomene sind physikalische Phänomene, die die klassische Physik nicht erklären kann, erst die SRT. Sie machen sich erst bei großen Geschwindigkeiten, ab10% der Lichtgeschwindigkeit abwärts, bemerkbar.

6. Der ultrarelativistische Bereich bezieht sich auf Geschwindigkeiten, die so nah der Lichtgeschwindigkeit sind, dass man gar keine Geschwindigkeitsänderungen messen kann, selbst wenn die Energie eines Teilchen, z. B., wesentlich zunimmt. Beispiel: Ein Teilchen kann seine Energie verdoppeln oder vervielfachen, und seine Geschwindigkeit wächst von 0,999999 c auf 0,9999999 c. In der klassischen Physik bei kleinen Geschwindigkeiten ist es natürlich anders.

7. Albert Abraham Michelson war ein amerikanischer Physiker, geboren in Strelno(heute in Polen, damals preußische Provinz Posen), am 19 Dezember 1852 . Er bekam als erster Amerikaner den Nobelpreis für Physik. Bekannt wurde er durch das nach ihm benannte Michelson-Interferometer. Mit dieser Anordnung wollte er die Erdgeschwindigkeit im Äther messen. Nachdem das Ergebnis dieser Untersuchung scheinbar negativ ausfiel, verzichtete man auf die Vorstellung einer Existenz von Äther. Die Folge davon war unter anderem die Entstehung von SRT. Eine Verbesserung seiner Untersuchung führte er zusammen mit Edward W. Morley. In die Geschichte ging die Un-

tersuchung als Michelson-Morley-Experiment.

8 Eine Welleninterferenz ist die Veränderung der Wellenamplitude bei einer Überlagerung von zwei oder mehreren Wellen. Die Wellen beim Michelsonsexperiment überlagern sich stellen weise positiv – helle Streifen, oder negativ – dunkle Streifen.

9 In dieser Abhandlung beziehen sich, wie üblich, Begriffe: Die Lichtwelle oder das Licht nicht nur auf die,vom menschlichen Auge sichtbaren Lichtfrequenzen, sonder auch auf andere Lichtfrequenzen.

10 Es gibt noch eine Geschwindigkeit, und zwar die, auf die Hintergrundstrahlung bezogene. Sie beträgt 377 km/s . Es kommt die Geschwindigkeit der Milchstraße selbst dazu. Diese Geschwindigkeit wurde bis jetzt nicht der Geschwindigkeit der Erde im Äther gleichgesetzt. Es gab ja keinen Äther.

TEIL 3

Das neue Gravitationsgesetz

Die Lichtbrechung

Wenn ein Lichtstrahl von einem Medium, in dem seine Geschwindigkeit größer ist, in ein anderes übergeht, in dem er sich langsamer ausbreitet, kommt es zur Brechung des Lichtstrahls. Das können zum Beispiel Luft und Wasser sein. Im Wasser breitet sich nämlich das Licht langsamer aus als in der Luft aus.

Was, wenn wir annehmen, dass der obere Teil eines Photons z. B. im Erdgravitationsfeld, und zwar auf Grund der Zeitdilatation im G Feld, schneller als das untere ist. Haben wir hier etwa eine Erklärung für die Ablenkung des Lichtes im Gravitationsfeld? Und zwar die gleiche, wie bei der Lichtbrechung, auch wenn die Ursachen dafür verschieden sind. Der Unterschied ist hier auch der, dass es sich bei Lichtbrechung um einen sprunghaften Übergang von einem Medium in ein anderes geht, und im Gravitationsfeld um ein stetiges, ins immer "langsamere" Schichten. Wenn wir z. B. mehrere Schichten nähmen, die nach unten immer langsamer für das Licht würden, und sie genügend dünn und genügend viele wären, würden wir viele kleine Brechungen beobachten. Und wenn die Schichten noch dünner und mehr würden und das ins Unendliche (unendlich viele und unendlich dünn), hätten wir die Krümmung des Lichtes, wie im Gravitationsfeld. Man könnte so die Ablenkung des Lichtes alleine! durch die Zeitdilatation im Gravitationsfeld erklären.

Es gibt keine Lichtbrechung, wenn der Lichtstrahl waagerecht über dem Wasser geht. Da müsste die Hälfte eines Photons in der Luft und die andere im Wasser sein. Bei einem waagerecht zur Erdoberfläche gehenden Lichtstrahl haben wir mit solchem Fall zu tun. Da geht die untere Hälfte des Photons durch eine etwas langsamere Schicht als die obere.

Materie aus Licht

Stellen wir uns jetzt vor, dass Materie aus Licht also aus Photonen besteht. Eigentlich sollte man, wenn man nach den elementarsten Teilchen sucht, vielleicht die Neutrinos in Betracht ziehen. Da sie schneller als Licht sein können, werden sie wahrscheinlich leichter sein. Ein Elektron würde z. B. auf ein Gamma Photon und ein Antineutrino zerfallen. Und bei einem Elektron – Positron - Zerfall werden aus den zwei Photonen ein Gammastrahl und aus dem Neutrino und Antineutrino ein zweiter Gammastrahl. Daher sollte man vielleicht die Neutrinos und Antineutrinos zu den elementarsten Teilchen erklären. Auf jeden Fall bleiben die drei beim Zerfall sämtlicher Teilchen als Endprodukt zurück, also kommen alle drei in Frage, denn die zerfallen nicht mehr. Zusätzlich gibt es noch zwei andere Arten von Neutrinos, was die Sache noch komplizierter macht.

Diese Überlegungen, nämlich dass Materie aus Licht (von Neutrinos wusste man damals noch nichts) bestehen könnte, hätten die Physiker schon damals anstellen sollen, als die Äquivalenz der Masse und Energie entdeckt und nachgewiesen wurde. Die Tatsache, dass Elektronen die VL Geschwindigkeit nicht überschreiten können, ist eben dadurch zu erklären, dass sie aus Licht sind. Es ist plausibler zu erklären, dass die Photonen z. B. in einem Pi-Teilchen als Photonen erhalten bleiben und mit Lichtgeschwindigkeit umeinander kreisen, als dass sie sich in etwas anderes verwandeln.

Sowohl Photonen als auch Neutrinos haben ja Gravitationsmassen. Wenn sie sich also in hinreichendem Abstand einander nähern, beginnen sie sich zu umkreisen. Ein Elektron würde in ein Photon und ein Antineutrino zerfallen, und ein Pi°-Teilchen zerfällt in zwei Gamma-Photonen.Wir beschäftigen uns zur Vereinfachung erst mal nur mit Photonen, als wäre die Materie eben aus um sich kreisenden, gefangenen Photonen. Wir sehen hier, dass diese Photonen dafür eine variable Geschwindigkeit aufweisen müssen, sonst könnte die aus Photonen bestehende Materie nicht beschleunigt werden.

Die Bahnen der in der Materie um sich kreisenden Photonen werden im Gravitationsfeld (z. B. nah der Erde) zusätzlich (abgesehen von der Wirkung, die sie gegenseitig aufeinander ausüben) nach "Unten" , d. h. in Richtung Erdmitte, gekrümmt. Genau, wie die Bahn eines nicht gefangenen Photons im Einsteins Aufzug (1). Das wäre der Grund für die scheinbare Beschleunigung der Materie im Gravitationsfeld. Ein Lichtstrahl geht durch einen frei fallenden Aufzug geradeaus, weil er genauso abgelenkt wird, wie die gefangenen Photonen des Aufzugs.

Im stärkeren Gravitationsfeld geht also, laut ART, die Zeit langsamer. Aufgrund der Zeitdilatation ist der obere Teil eines Photons schneller als das untere, das sich näher der Erde befindet. Das Photon zeichnet, ähnlich wie ein Panzer, dessen Schienen unterschiedlich schnell drehen, eine Kurve.
Wir teilen uns jetzt gedanklich das Photon auf den oberen und den unteren Teil. Somit haben wir solche zwei Bereiche. Der obere Teil des Photons, als das etwas weiter entfernte, und das untere als das, der Erde näheren Bereich. Die Massen der zwei Bereiche platzieren wir in den Schwerpunkten p1 und p2, des jeweiligen Bereiches.

Siehe Zeichnung 8

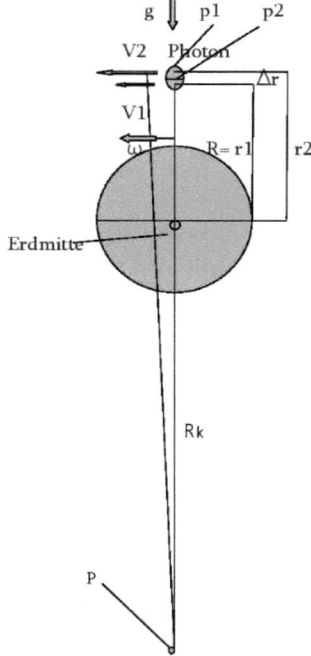

g- die Beschleunigung in Richtung Erdmitte in dem Zeitpunkt to, für ein waagerecht zur Erdoberfläche gehendes Photon

p1 - Schwerpunkt der unteren Hälfte des Photons

p2 – Schwerpunkt der oberen Hälfte des Photons

$\triangle$ r – der Abstand zwischen den Punkten p1 und p2, auf die sich die zwei Geschwindigkeiten beziehen

V1- die Lineargeschwindigkeit von p1

V2 - Die Lineargeschwindigkeit von p2

R - der Abstand zwischen p1 und der Erdmitte

Rk - der Krümmungsradius der Photonenbahn

G - die Gravitationskonstante

$\triangle$ t2/$\triangle$ t1- die Zeitdilatation bezogen auf die zwei Bereiche

ω – die Winkelgeschwindigkeit, mit der sich das Photon um den Punkt P im Zeitpunkt to bewegt

M – die Erdmasse

Das Photon kreist mit einer Winkelgeschwindigkeit ω um den Punkt P, die gleich der Winkelgeschwindigkeit des unteren sowie des oberen Photonenbereiches ist. Der Krümmungsradius ist natürlich viel größer als der Abstand R . Das Photon kreist ja nicht um die Erde,. Der Punkt P hier ist also nicht der Mittelpunkt der Erde und auch nicht ein P Punkt im Sinne des P Raumes.

Die zentripetale Beschleunigung in diesem Fall ist gleich :

$g=VL^2/Rk$, also suchen wir nach Rk   ;

$V1Rk = V2(Rk+\triangle r) = \omega$, demnach :

$V2/V1= (Rk+\triangle r)/Rk$ also :

$Rk = \triangle r/(V2/V1-1)$, oder $1/Rk = (V2/V1-1)/\triangle r$

$\triangle r=r1- r2$

Hier bezieht sich Rk auf den Abstand P zu p1 statt auf den Mittelpunkt des Photons. In Anbetracht der Ausmaßen des Photons im Verhältnis zur Entfernung von P (die viel größer ist als die Entfernung zum Erdmittelpunkt - und das Photon ganz klein) ist diese Vereinfachung ohne Bedeutung.

Wir gehen hier davon aus, dass für die Lichtablenkung, also dafür, dass V2>V1 ist, alleine die Zeitdilatation im Gravitationsfeld – $\Delta t1 > \Delta t2$ 1 der Grund ist.

Also :

$V1 = \Delta x1/\Delta t1$ und $V2 = \Delta x2/\Delta t2$, wobei : $\Delta x1 = \Delta x2 = \Delta x$, also :

$V2/V1 = \Delta t1/\Delta t2$

Um die Forderung: $\Delta x1 = \Delta x2 = \Delta x$ zu verstehen, muss man nur nachvollziehen, was im ersten Teil des Buches thematisiert wurde. In dem da vorgeschlagenen Modell besteht das Photon, wie alle anderen Teilchen auch, aus unbeweglichen Punkten. Seine Bewegung ähnelt der eines Balls auf einer Leuchttafel, z. B. in einem Fußballstadion. Wenn auf einer solchen Tafel die Lampen, die zum oberen Teil des Balls gehören, aus irgendeinem äußeren Grund verkürzt Leuchten würden, im Vergleich zu den unteren, würden wir als Beobachter es so wahrnehmen, als ob sich der obere Teil des Balls schneller bewegen würde als der untere. Obwohl die Δx- Abstände zwischen allen Lampen immer gleich sind. Ein solcher Ball auf der Tafel würde sich dadurch natürlich nicht kurvenförmig bewegen, sondern er würde verzerrt. Hätten wir jedoch sehr sehr viele kleine Lämpchen und würden für den Zusammenhalt des Balls sorgen, gäbe es keine Verzerrungen, sondern der Ball würde sich entlang einer Kurve bewegen, statt auf einer Gerade, wie vorgesehen.

Das ist der Grund, warum ein Beobachter, der einen Photonenstrahl im G Feld in Eigenzeit be-

trachtet, es so wahr nehmen würde, (wenn es
überhaupt gehen würde), als würde das obere Be-
reich eines Photons größere Strecken in gleicher
Zeit zurücklegen als das untere.

Wir müssen also dt1/dt2 berechnen , daraus V2 /
V1 , daraus das Krümmungsradius und daraus
aus der Formel für Zentripetalbeschleunigung die
Beschleunigung des Photons Richtung Erdmitte,
was der Beschleunigung der Materie in G Feld
gleicht, wenn diese aus beweglichen Photonen
besteht.

Gravitative 0 Punkt zwischen der Erde und dem Photon

Wenn das Photon eine Gravitationsmasse hat, gibt
es zwischen der Erde und dem Photon einen
Punkt wo die Gravitationsfeldstärke 0 ist, und
zwar ganz nah dem Photon. In Richtung dieses!
Punktes läuft die Zeit, für das Photon langsamer,
was der Grund für die Lichtablenkung ist. Im
schwächer werdenden G Feld geht die Zeit demnach langsamer und nicht umgekehrt, wie bei der
ART. Je näher das Photon der Erde, um so stärker
das G Feld, also umso näher der 0 Punkt von Ihm.
Deswegen beobachten wir, als würde die Zeit im
stärkerem G Feld langsamer gehen, wehrend sie
in Wirklichkeit in Richtung des 0 Punktes, also des
schwächeren G Feldes langsamer geht.

Für die Krümmung des Zeitraumes, anders als bei der ART, ist hier sowohl die Erde als auch das Photon verantwortlich. Außerdem geht es in diesem Buch nur um die Krümmung der Zeitkoordinate. Die Krümmung der Raumkoordinaten, und zwar für das Licht und nicht für den leeren Raum, ist sekundär und Folge der Zeitdilatation.

Ohne diesen 0 Punkt würde der unsere Raum um eine einzige Masse, mit wachsender Gravitationsfeldstärke, also mit einer kleiner werdenden Entfernung zu ihr, schneller und nicht langsamer. Dies würde im Anklang mit den Quantenphysikgesetzen, aber nicht mit der ART stehen.

Die Formel: $\Delta t \Delta E = k$, die eigentlich den pi Raum definiert, besagt, ähnlich, wie die Quantenphysik, dass die Zeit für größere Energie schneller läuft, und nicht umgekehrt, wie bei der ART,

Wenn wir es also auf das G Feld übertragen würden, müsste es heißen, dass die Zeit im stärkerem Gravitationsfeld, schneller, nicht langsamer gehen müsste. Und im schwächerem G Feld weit von der Masse langsamer. Erst unter Berücksichtigung der Tatsache, dass zwischen zwei Teilchen, oder z. B. der Erde und einem Photon, ein 0 Punkt existiert, steht die ART im Anklang mit den Quantenphysikgesetzen:

Man kann also die Quantengesetze als Ursache für die Zeitdilatation im G Feld , oder umgekehrt sehen Und man kann daher Vielleicht die Formel

$\Delta t \Delta E= $ k als die gesuchte "Weltformel" bezeichnen.

*Man kann natürlich den 0 Punkt nicht zwischen
zwei beliebigen Teilchen suchen, sonder zwischen
den elementarsten aus denen die größeren bestehen. Zwischen dem Mond und der Erde gibt es
auch einen 0 Punkt, das aber für die Betrachtun-
gen hier keine rolle spielt. Einzelne Photonen (oder
noch kleinere Teilchen) des Mondes werden in
Richtung ihrer 0 Punkte zwischen der Erde und ihnen abgelenkt.*

*Mann könnte es mit den Protonen und Neutronen
versuchen , man kann allerdings schlecht erklären, warum ein unbewegliches Proton in Richtung
eines 0 Punktes beschleunigt werden sollte, erst
die Bahnablenkung der in ihm beweglichen Photonen kann man mit der Zeitdilatation erklären.*

Jetzt versuchen wir allein aus der Tatsache, dass
die Zeit, abhängig von der Entfernung zum 0
Punkt, verschieden schnell geht, das Newtonsche
Gravitationsgesetz herzuleiten.

Siehe Zeichnung 9

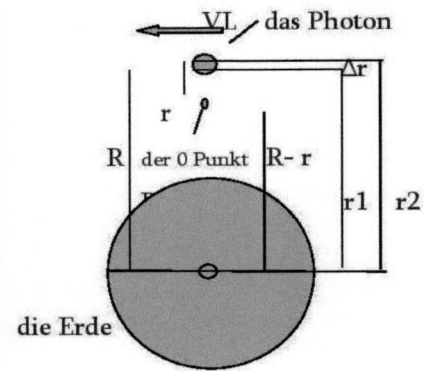

die Erde

p

R – Abstand der Mitte des Photons zur Erdmitte

r- der Abstand der Mitte des Photons zu dem 0 Punkt

r1- der Abstand von p1 zu 0 Punkt

r2- der Abstand von p2 zu 0 Punkt

$\triangle r = r2 - r1$,

$dr = \triangle r/2$

M - die Erdmasse

m - die Photonenmasse

Mit dem 0 Punkt haben wir eine Stelle wo die Gravitationsfeldstärke wie in der Unendlichkeit 0 ist, die aber in der Nähe ist. Und $\triangle t1/\triangle t2$ bei gleichem dr wird immer größer wenn sich das Photon dem 0 Punkt nähert. Außerdem besteht ein Photon in Wirklichkeit nicht, wie hier vorgeschlagen, aus zwei Punkten p1 und p2, sonder es ist komplizierter und dynamisch. Wir suchen nicht nach $\triangle t1$ und $\triangle t2$ einzeln, oder $\triangle t1/\triangle t2$ in den zwei Punkten p1 und p2 , als wäre das Photon gar nicht da, sonder wir suchen das effiziente $\Delta t1/\Delta t2$ für das Photon. Außerdem, abgesehen davon, ob das Photon aus den zwei Punkten besteht, oder viel komplizierter ist, gibt es ein 0 Punkte in seiner "Mitte". Der wird unter dem Einfluss der Erde verschoben, was ebenso auf den Ausdruck $\triangle t1/\triangle t2$ Einfluss hat, oder sogar entscheidend sein könnte. Wir suchen also nach dem effizienten Wert des Ausdruckes $\triangle t1/\triangle t2$ für das Photon im Gravitationsfeld, wohl wissend, dass in Richtung 0 Punkte die Zeit langsamer geht, was der eigentliche Grund für die gravitative Wirkung ist.

Kurz um, wir ermitteln ehe das $V2/V1 = \triangle t1/\triangle t2$ aus dem bekanntem Gravitationsgesetz als umgekehrt. Neu wird hie allerdings, was wir hier als Ursache für die gravitative Wirkung halten.

Es kann auch sein, dass der 0 Punkt zwischen der Erde und dem Photon sich (weil keine Signale die c Geschwindigkeit überschreiten?) verspätet bildet, also dass er nicht exakt zwischen den zwei Massen liegt, sonder er eilt dem Punkt, der exakt zwischen der Erde und dem Photon liegt, hinterher. Von daher um so wichtiger, dass wir uns auf das effiziente für das Photon $\triangle t1/\triangle t2$ konzentrieren.

Uns interessieren hier also nicht die Größen $\triangle t1$ und $\triangle t2$ und darüber hinaus V1 und V2 einzeln, sonder uns interessiert die Zeitdilatation $\Delta t1/\Delta t2$ und darüber hinaus V2/V1 in Abhängigkeit von der Entfernung des Photons zum 0 Punkt, und den anderen Größen, eben als Funktion von : r, mF, M.

Wir werden die Gleichung $\Delta t = h/\Delta E$, die ja unseren Raum definiert, für die Ortung des Punktes 0 sehr wohl verwenden, aber aus der Gleichung selbst können wir nicht den Wert von $\Delta t1$ oder $\Delta t2$ oder $\Delta t1/\Delta t2$ als Funktion der Entfernung zum Punkt 0 ableiten. Wir müssen diese Beziehung sozusagen entdecken oder erraten, um schließlich ein Gravitationsgesetz ähnlich dem Newtonschen zu erhalten.

Wir versuchen es also mit folgendem Vorschlag :

$\Delta t1/\Delta t2 = V2/V1 = f(r) = 1 + k\Delta r/r^2$;

Wie wir sehen ist der Ausdruck für r= oo gleich 1 .
Wenn ein Photon weit weg von der Masse ist, und
somit der 0 Punkt weit von ihm, gibt es da keine
Zeitdilatation, und keine Bahnablenkung des Photons. Wenn das Photon sich aber einer Masse nähert, ist der 0 Punkt immer näher.

Und wenn der Abstand der Photonenmitte zu dem
0 Punkt dr beträgt, oder der Abstand p1 zu 0 Punkt
0 beträgt, ist der Ausdruck △ t1/△ t2 unendlich
groß. △ t1 geht dann zu ∞ und △ t2 noch nicht,
also ist △ t1/△ t2 = ∞ .

*Eigentlich kommt es nie dazu, denn wenn sich der
Punkt P1 oder das Photon dem 0 Punkt nähert,
verschiebt sich der 0 Punkt zwangsläufig. Andern-
falls müssten wir hier eigentlich (r- dr)² im Nenner
nehmen.*

*Für die Bestimmung von r nehmen wir die ganze
Masse des Photons, die in wir in seine Mitte platzieren.*

Berechnung von r :

Wenn wir von einer quadratischen Abhängigkeit der Energie von der Entfernung von einer Masse ausgehen, $Ez= k_1mM/R^2$ und darüber hinaus $\triangle t= (k_2/k_1 \times 1/mM) \times R^2$, weilt $\Delta t= k_2/Ez$, berechnen wir den 0 Punktabstand zum Photon wie folgt :

$r^2/(R-r)^2 = m/M$, und für sehr großes R und sehr kleines r, wie in unserem Fall, haben wir:

$m/M \approx r^2/R^2$, und $r^2= R^2 \times m/M$, oder $r=\sqrt{(m/M)} \times R$

Die potentielle Energie bei Newton ist gleich $E=-MmG/R$, also wir haben R in der ersten Potenz im Nenner. Die Energie Ez , die die Zeitdilatation verursacht hängt von der Entfernung von der Masse quadratisch ab, also : $Ez=Mmk/R^2$. Man kann es so sehen, als wäre die Newtonsche Energie eine sekundiere Konsequenz der Zeitdilatation. Sonst , also mit R und r statt R^2und r^2 kriegen wir kein Newtonsches Gravitationsgesetz daraus.

Wir haben also :

$r^2= m/M \times R^2$ und mit:

$\triangle t_1/\triangle t_2=1+k \triangle r/r^2$ haben wir :

$\triangle t_1/\triangle t_2=V_2/V_1=1+k \triangle r/m \times M/R^2$

Die Beschleunigung des Photons in Richtung 0 Punkt oder Erdmitte beträgt wie bekannt:

g = VL²/Rk und mit:

1/Rk= (V1/V2-1)/Δr   haben wir:

g = VL² Mk $\triangle$ r/(R² m $\triangle$ r) = (kVL²/m) x (M/R²)

und mit G= kVL²/m haben wir:

g = GM/R² ,

 also das Newtonsche Gravitationsgesetz.

Das neue Gravitationsgesetz lautet also:

Rk = $\triangle$ r : ($\triangle$ t1/$\triangle$ t2-1)

und die Weltformel:

$\triangle$ t= k / $\triangle$ E

Diese kann man auch als das eigentliche Gravitationsgesetz bezeichnen, denn daraus berechnet man Rk für das Licht und daraus g für die Materie.

In den oberen Ausführungen wurden exakte mathematische Ausdrücke durch Näherungen ersetzt. Für den konkreten Fall eines sehr kleinen Photons, im Gravitationsfeld, mit sehr großen R im Vergleich zu r ist es gut vertretbar. In anderen Fällen, wenn es zwei vergleichbare Größen wären (z. B. zwei Photonen), und/oder die Entfernung R vergleichbar zu r oder Δr wäre, wäre solche Vorgehensweise gar nicht vertretbar. Das Gravitationsgesetz ist für solche Fälle viel komplizierter.

Die Gravitationskonstante G , wie wir sehen, ist von VL abhängig. Es ist für hohe Frequenzen des Lichtes nicht von Bedeutung, die VL Unterschiede im ultrarelativistischen Bereich sind kaum messbar, sofern kann man von konstantem G sprechen. Für kleinere Frequenzen müsste man da Abweichungen bemerken. Wenn wir davon ausgehen, dass die Materie aus hochfrequenten Gammma-Photonen besteht, können wir G als konstant bezeichnen.Kurz um, man kann hier V=C nehmen.

Es wurde hier nicht klargestellt, ob es hier um die Ruhemasse oder die relative Masse des Photons geht. Im zweiten Fall wäre die Gravitationskonstante noch mehr in Gefahr. Für Materie aus gleichen Gamma-Photonen bleibt G immer konstant. Unterschiede wären bemerkbar, bei Photonen kleinerer Frequenzen.

Die gravitative Masse eines Elektrons und eines Positrons stammt von den kinetischen Energien der zwei Gamma-Photonen, die übrig bleiben würden, nach der Anihilation der zwei Teilchen.

Electron-Positron-Anihilation - Berechnungen für:

$mF = 7\,e\text{-}51 kG$

$mE + mP = 2mFr = 2mFGamma =$

$= (14\ e\ \text{-}51) \times (1,4\ e\ 20) \approx 2\ e\text{-}31$

für , $mF = 7\ e\text{-}51$ und $Gamma = f\ 1s = 1,4\ e\ 20$

Für $mF \approx 7\ e\text{-}51n$ haben wir nämlich :

$h/mF \approx 9\ e\ 16$

In diesem Fall, wenn

$E = moc^2 Gamma = hf$ würde es heißen:

$moc^2 = h/s$ und $Gamma = f \cdot s$;

s – eine Sekunde

mE – Electronenmasse

mP – die Positronenmasse

$mF = mo$ – Photonenmasse -

mFr – die relative Photonenmasse

(Für relativistisch schnelle Materie sonst, ist die ART zuständig, man kann nicht so einfach die rela-

tive Masse eines Körpers als seine neue gravitati-
ve Masse nehmen).

Die Lage der Photonen

Auf den Zeichnungen sehen wir Photonen, die sich auf der waagerechten Gerade von rechts nach links bewegen. Dieser spezielle Fall wurde hier behandelt. Die in der Materie gefangenen Photonen bewegen sich aber in alle möglichen Richtungen. Die Photonen, die zu einem Zeitpunkt to sich senkrecht nach oben oder nach unten bewegen, werden eigentlich gar nicht abgelenkt. Weil ein senkrechter Photon sich mit einer konstanten Geschwindigkeit bewegt, auch wenn diese etwas kleiner ist, als wenn da kein 0 Punkt in der Nähe wäre. Die Geschwindigkeit des ganzen! Photons, also die Geschwindigkeiten des oberen und des unteren Teil von ihm, sind gleich. Kurz um die senkrechten Photonen werden im konstanten Gravitationsfeld viel weniger, oder fast gar nicht, im Vergleich zu den waagerechten Photonen, abgelenkt.

Die Ausführungen in diesem Kapitel für das waagerechte Photon sind durchaus auch für Photonen, die auf der X-Z-Fläche bewegen, anzuwenden. Diese werden in Richtung Erdmitte stets gleich beschleunigt.

Die Photonen aber, die auf den Flächen: X-Y oder Y-Z sich bewegen, werden nicht stets gleich beschleunigt, denn einige von ihnen befinden sich im Zeitpunkt to ganz oben oder ganz unten und bewegen sich waagerecht zur Erdoberfläche, während manche andere im Zeit to exakt nach oben oder nach unten gehen und werden dabei gar nicht beschleunigt. Andre befinden sich in Positionen dazwischen und werden auch weniger als die waagerechten Photonen abgelenkt. Also die Photonen, die auf der X -Y Ebene oder Y -Z Ebene kreisen, werden durchschnittlich weniger nach unten abgelenkt. Die, die auf allen anderen Ebenen kreisen, werden auch weniger, auch wenn in kleinerem Maße, als die waagerechten Photonen nach unten abgelenkt.

Entscheidend hier ist nämlich die Zeitdilatation △ t1(r1)/△ t/(r2) und die ist bei Senkrechten Photon gleich 1, denn r1=r2, wenn man das Photon einfach umdreht und die Punkte P1 und P2 da lässt, wo sie auch waren.

Also die Erdbeschleunigung der Materie aus Licht bzw. die Gravitationskonstante hier wird etwas kleiner sein, als die Beschleunigung oder die Gravitationskonstante für den speziellen Fall eines waagerechten Photons

Und dies würde auch bedeuten, dass ein Lichtstrahl in einem frei fallenden Aufzug immer noch nach unten abgelenkt würde, denn die durchschnittliche Ablenkung der Aufzug Photonen ist kleiner als die des waagerechten Photons. Ein Nachweis für die ganze 0 Punkt Theorie wäre z.B, , wenn man die Lichtablenkung im frei fallenden Aufzug nachmessen könnte, oder eine ähnliche Messung durchführen könnte.

Natürlich darf man auch nicht vergessen, dass Materie nicht nur aus Licht sein kann und dass es hier nur ein Hilfsmodell ist.

Die neue 0 Punkt Idee eröffnet viele neue Möglichkeiten. Die vielen Möglichkeiten werden hier nicht behandelt und schon gar nicht ausgeschöpft.

Begriffserklärungen

1 Einsteins Aufzug

Wenn man in einem frei fallenden Aufzug ein Lichtstrahl exakt waagerecht quer durch ihn schickt, geht er laut ART waagerecht nur für den Beobachter der im Aufzug auch mitfährt, also ebenso frei fällt. Für einen Aussenbeobachter, der auf der Erde steht, wird der Lichtstrahl nach unten abgelenkt. Das war für Einsen der Beweis für die Raumkrümmung im Gravitationsfeld. Gemessen wurde es erst bei Ablenkung der Lichtstrahlen durch die Sonne, bei einem Sonnenfinsternis.

2 Das Plancksche Gesetz $\Delta t \ \Delta E = h$

Es ist eine Formel, die sich auf ein Phänomen bezieht, das von Max Planck entdeckt wurde. Es geht
dabei um den Energieaustausch zwischen Oszillatoren und dem elektromagnetischen Feld. Max
Planck entdeckte, dass es nicht kontinuierlich, sondern in Form kleinster Energiepakete, also Quanten, geschieht. Diese Entdeckung gilt als Geburtsstunde der Quantentheorie, und die konstante "h"
bezeichnet man als den Planckschen Wirkungsgrad.

In der Quantentheorie ist das Vakuum kein leerer
Raum mehr. Es entstehen in ihm Teilchen-Antiteilchen-Paare. Es widerspricht dem Energieerhaltungssatz im klassischen Sinne. Die Formen: Δt
$\Delta E < h/4\pi$ beschreibt, für wie lange Energie, (auch
Teichen mit ihrer Ruheenergie) und in welcher
Größe, spontan aus dem nichts entstehen darf.

Menschen sind Physiker